Jens Nolte

DIE ZEIT DES PUPPENSPIELERS

Jens Nolte

DIE ZEIT DES PUPPENSPIELERS

Als nichts mehr ging,
fing er mich auf

BRUNNEN
Verlag GmbH · Giessen

Zum Schutz von Beteiligten wurden Orts- und Personennamen geändert.

Ausschnitte aus Psalm 23 auf S. 130 zitiert in Anlehnung an die Lutherbibel, revidierter Text 1984, durchgesehene Ausgabe, © 1999 Deutsche Bibelgesellschaft, Stuttgart.

Auch als E-Book erhältlich:
ISBN 978-3-7655-7385-9

MIX
Papier aus verantwortungsvollen Quellen
FSC® C014496

www.brunnen-verlag.de
Lektorat: Konstanze von der Pahlen
Umschlagmotiv: shutterstock
Umschlaggestaltung: Jonathan Maul
Satz: Uhl + Massopust, Aalen
Druck: GGP Media GmbH, Pößneck
ISBN 978-3-7655-0956-8

Für meine Frau,
die mir die Kraft gegeben
hat durchzuhalten

MITTWOCH, 9. MÄRZ 2011

Seit vier Tagen bin ich nun mit meiner Frau in Cuxhaven im Urlaub. Erholen wollte ich mich. Nach den anstrengenden letzten Monaten einfach mal nichts tun. Bloß im Bett liegen, fernsehen und mich entspannen.

Stattdessen zunächst die anstrengende, mehrstündige Anreise am vergangenen Samstag. Wer ist gefahren? Ich.

Dann die von meiner Frau bestimmten Tage Sonntag, Montag und Dienstag. Gespickt mit kleinen und größeren Unternehmungen, zu denen ich keine Lust hatte, mich regelrecht zwingen musste, sie zu begleiten. Erholung?

Am späten Nachmittag des heutigen Tages kann ich nicht anders, als mir meine Laufkleidung anzuziehen und schlichtweg davonzurennen. Zu rennen, so schnell mich meine Füße tragen. Irgendwohin. Hauptsache weg von … Ja, von wem oder was eigentlich? Von meiner Frau? Meinem Alltag? Der Arbeit? Den zu erledigenden Dingen am Haus? Meinen Ängsten? Den Gedanken mich umzubringen? Fliehe ich gar vor mir selbst?

Wahrscheinlich vor allem, lautet die erdrückend ehrliche Antwort meiner inneren Stimme.

DONNERSTAG, 10. MÄRZ 2011

Unser, nein, ihr Plan für heute: nach Bremen fahren, um bei Ikea ein Bild für unser Wohnzimmer zu kaufen. Für sie: das reinste Vergnügen. Für mich: 120 Kilometer Autobahnfahrt, je Richtung. Gedränge und Lärm. Einkaufsstress.

Erholung – wohl auch heute Fehlanzeige.

Bereits beim Aufstehen plagen mich Gewissensbisse.

Ob ich ihr etwas sagen soll?

Komm schon, tu ihr den Gefallen. Ihr habt es euch vorgenommen, also gibt es jetzt kein Zurück mehr. Was soll sie von dir denken, wenn du jetzt sagst, dass du lieber im Hotelzimmer bleiben möchtest?

Nach dem Frühstück fällt die schwere Haupteingangstür des Hotels mit einem lauten, dumpfen Donnern hinter mir ins Schloss. Schweren Schrittes gehe ich zum Auto. Es kommt mir vor, als ob mich irgendetwas zu bremsen versucht. Ich messe dem keine Bedeutung bei, setze mich hinters Steuer und fahre los.

Panisch und abwesend laufe ich gut anderthalb Stunden später durch das schwedische Einrichtungshaus. Dass wir tatsächlich ein Bild kaufen, ist für mich absolute Nebensache. Angst beherrscht mich. Angst, uns beide auf der bevorstehenden Rückfahrt umzubringen. Einfach das Auto gegen einen Brückenpfeiler zu lenken. So, wie es mir mein Kopf bereits auf der Hinfahrt immer wieder befehlen wollte.

Dennoch kennen meine Gedanken nur ein Ziel: so schnell, wie es geht, wieder ins Hotel zurückzugelangen.

Als ich das Auto am späten Vormittag langsam aus der Parklücke rollen lasse, schaue ich aus dem Augenwinkel zu meiner Frau hinüber.

Ob sie etwas von meinem Zustand bemerkt hat? Irgendetwas muss sie doch merken, oder? Ich bin doch nicht ich …

Ob sie ahnt, dass sie in Lebensgefahr ist? …

Warum fragt sie mich nicht einfach, ob sie fahren soll?

Bitte frag doch einfach …

Doch sie schweigt.

Wir schleichen im Schneckentempo durch das unterste Parkdeck. Lediglich der Vortrieb des ersten Gangs lässt das Auto nicht zum Stehen kommen.

Ich bin wie gelähmt. Unfähig, das Gaspedal auch nur ansatzweise zu berühren, aber irgendwie funktioniere ich. Stoppe das Auto, als wir am Ende der Ausfahrt ungebremst in den fließenden Verkehr zu rollen drohen.

Ich will nicht mehr. Warum fährt sie nicht auch mal?

Du bist der Mann, also sei stark. Du schaffst das schon.

Schaffe ich das wirklich?

Sollte ich nicht doch einfach rechts ranfahren und … Das willst du nicht wirklich tun, oder?

Warum nicht?

Stell dich nicht so an. Es hat doch bisher auch immer funktioniert, warum sollte es nicht auch heute gut gehen? Los, fahr weiter.

Ich klammere mich noch fester an das Lenkrad. Spüre, dass meine Knie inzwischen butterweich geworden sind und mein rechter Fuß auf dem Gaspedal zu zittern begonnen hat. Schweiß läuft mir den Rücken hinunter. Dennoch kann ich nicht anders, als mich von Ampel zu Ampel durch den Bremer

Stadtverkehr zu quälen. Warum? Ich weiß es nicht. Ich weiß so vieles nicht.

Endlose Minuten vergehen, bis wir auf die Autobahn fahren. Das Radio dudelt leise im Hintergrund. Über eine weite Strecke herrscht ansonsten Stille im Auto. In meinem Kopf jedoch toben die Gedanken.

Ich fühle mich so leer, so unglaublich leer.

Wäre es nicht doch einfacher, gegen den nächsten Brückenpf…

Nein!!

Wie lange denn noch? Geht dir nicht langsam die Kraft aus?

Sei still! Ich schaffe das.

Ja? Da bin ich mir nicht mehr sicher …

Durchgeschwitzt und mit den Nerven am Ende steuere ich schließlich kurz vor Cuxhaven ein abgelegenes Restaurant an, lasse das Auto über den weitestgehend verlassenen Parkplatz rollen und bringe es schließlich an einer entlegenen, schattigen Stelle zum Stehen.

Und nun?

Sie wird bestimmt Hunger haben …

Soll ich ihr sagen, dass ich keinen Hunger habe, oder einfach mitgehen wie bisher auch?

Ich kann das nicht mehr.

Zögerlich beginne ich, mit bebender, kaum hörbarer Stimme zu reden, ohne meine Frau dabei anzusehen.

„Schatz …" Ich räuspere mich, da meine Stimme zu versagen droht. „… mir geht es nicht gut und ich … ich fühle mich beschissen. Am liebsten würde ich losheulen, doch ich kann es nicht … Wann hört das endlich auf? Was ist los mit mir? Ich verstehe das alles nicht. Was habe ich falsch gemacht? ... War ich nicht bisher immer der Starke? Der, an dessen Schulter du dich ausgeweint hast? Was ist davon geblieben? ... Nichts ... Ich weiß nicht, wie es weitergehen soll."

Meine Worte lassen augenblicklich das Strahlen der erfolgreichen Shoppingtour aus ihrem Gesicht verschwinden.

Im Gegensatz zu mir kullern ihr wenige Sekunden später Tränen über die Wangen. Auch sie hat anscheinend keine passenden Antworten auf meine Fragen.

Ratlos verschränke ich meine Arme auf der Oberkante des Lenkrades, lege meine Stirn auf einen meiner Unterarme und schließe die Augen.

Es herrscht fortan eine gespenstische Stille im Auto. Keiner von uns beiden sagt etwas oder bewegt sich.

Ich horche in mich hinein.

Ich bin ruhiger geworden.

Ihr das zu sagen, hat ... gutgetan!

Etliche Minuten vergehen, bis die weibliche Computerstimme des Navigationsgerätes die Stille im Auto abrupt beendet: „Sie haben Ihr Ziel erreicht."

Ich hebe meinen Kopf und schaue kurz in den Rückspiegel. Rote, verquollene Augen schauen mich an und dann, wenig später, zu meiner Frau hinüber. Unsere Blicke begegnen sich.

„Ich kann jetzt nichts essen", gestehe ich ihr.

Sie nickt und sagt: „Auch mir ist der Appetit vergangen."

Zurück im Hotelzimmer streife ich mir die Jacke vom Oberkörper, lege mich samt Schuhen ins Bett, ziehe mir die Bettdecke bis unters Kinn und versuche, mich zu entspannen. Meine Gedanken kreisen jedoch unaufhaltbar weiter:

Wie konnte es so weit kommen? Wann habe ich aufgehört,

ich selbst zu sein? Habe ich überhaupt aufgehört – oder nie angefangen?

Warum kann ich keine Emotionen zeigen? Bin ich wirklich der Eisblock, für den mich alle halten?

Es stimmt schon, ich hab nach außen immer nur das Gefühl gezeigt, das andere von mir erwartet haben. Stark sollte ich sein und ich war stark, oh ja. Und nun? Was ist von dieser Stärke geblieben?

Nichts.

Sind die Gefühle für meine Frau auch nur gespielt? Habe ich mir mit meiner Beziehung zu ihr auch die ganze Zeit etwas vorgemacht?

Gerade diese Frage treibt mir einen dicken Kloß in den Hals und lässt meinen Kopf innerlich anschwellen. Zumindest empfinde ich das so.

War tatsächlich alles nur gespielt? Unsere Beziehung? Die Hochzeit? Das Haus?

Mir läuft ein kalter Schauer über den Rücken. Inständig hoffe ich, dass das nicht der Fall ist, doch ich weiß im Moment keine Antwort auf diese Frage, was mich abermals zutiefst beunruhigt, meine Gedanken jedoch nicht zum Schweigen bringt.

Hat meine Frau nicht erst kürzlich gesagt, ich hätte verlernt spontan zu sein?

War ich überhaupt jemals spontan? Wenn ja, wann habe ich diese Eigenschaft verloren? Erst vor Kurzem oder womöglich schon vor Jahren?

Wie ist man spontan? Ich weiß es nicht (mehr).

Konnte ich überhaupt in den letzten Jahren noch spontan sein? An jedem Tag folgte ein Termin auf den nächsten. Auch an den Wochenenden gab es mehr als genug Verpflichtungen.

Termine, die ich einhalten „musste“, egal ob ich Lust hatte oder nicht.

Ich soll spontan sein. Aber wie? Was verlangt sie da von mir? War ich nicht immer spontan? … Anscheinend nicht.

Je tiefer ich in meinen Gedanken versinke, desto mehr neue Gedankenfelder öffnen sich:

Zu viele Zwänge und Regeln bestimmen mein Leben. Warum höre ich auf diese Regeln, die mir mein Kopf vorschreibt?

Wann bin ich mal zufrieden? Warum muss immer alles noch besser und noch toller sein? Immer strebe ich nach mehr. Setze mir neue, höhere Ziele. Weshalb?

Ziele … Was ist mein Ziel? Wofür kämpfe ich hier eigentlich? Macht es überhaupt noch Sinn?

„Der Weg ist das Ziel“, sagt meine Frau aus dem Nichts.

Wie selbstverständlich und einfach das klingt …

Der Weg ist das Ziel?

Warum hat sie das eigentlich gerade gesagt? Habe ich etwa laut gedacht?

Gehe ich momentan meinen Weg? Welcher Weg ist mein Weg?

Der bisherige führte mich in diese Sackgasse, also kann es nicht mein Weg gewesen sein!

Was ist nur aus mir geworden? Ein ängstliches Wrack, das sich kaum traut, morgens aus dem Bett zu steigen, aus Angst, sich etwas anzutun.

Ich möchte wieder auf meinen Instinkt hören können. Das machen, wozu ICH Lust habe und nicht andere! Meine Meinung sagen und nicht die anderer. Meinen Weg gehen und nicht den anderer. Den Dingen meine Note geben und nicht nur anderen nach dem Mund reden. Aber wie?

Kann ich nicht einfach aus diesem Albtraum aufwachen? Feststellen, die letzten Wochen und Monate nur als schlechten Traum geträumt zu haben?

Es ist kein Traum. Leider …!

Ich will das alles nicht mehr.

So kann ich nicht weitermachen!

Ich stehe plötzlich auf, suche ein Blatt Papier und einen Stift und beginne zu schreiben.

FREITAG, 11. MÄRZ 2011

Der nächste Morgen. Das Bett ist stark und hält mich fest. Es fällt mir schwer, die Augen zu öffnen und wach zu werden. Licht und frische Luft strömen ins Zimmer, woraus ich folgere, dass meine Frau bereits aufgestanden ist.

Verträumt und noch ein wenig müde richte ich mich im Bett auf und versuche mich zu orientieren.

In diesem Moment kommt meine Frau vom Balkon zurück ins Zimmer.

„Wollen wir frühstücken und danach rüber ins Hallenbad gehen?“, werde ich gefragt.

Meine innere Ruhe endet abrupt.

Was will sie von mir? Kann sie mich nicht einfach mal in Ruhe lassen? Ich möchte erst mal in Ruhe aufstehen, mich im Bad fertig machen, frühstücken und dann am liebsten auf dem Zimmer bleiben.

Willst du das wirklich?

Ich bleibe ihr und mir eine Antwort schuldig. Stattdessen hole ich das gestern von mir beschriebene Blatt Papier aus der Nachttischschublade. Lese es ein letztes Mal und entscheide mich dann aufzustehen.

Langsam schlurfe ich ins Bad, wo ich mich mit den Händen am Rand des Waschbeckens aufstütze, in den Spiegel blicke und mir ein dunkelblonder, zweiunddreißigjähriger Mann entgegenblickt.

Wer bist du?

Du siehst furchtbar aus … müde … ausgemergelt.

Mein Gott … diese Augenringe …

Bin das wirklich ich?

Wer bin ich?

Kopfschüttelnd wende ich mich von meinem Spiegelbild ab und schaue ziellos ins Waschbecken hinunter. Ich atme mehrere Male tief durch, bevor ich meine Hände vom Rand des Waschbeckens löse, den Wasserhahn öffne und mir wieder und wieder kaltes Wasser ins Gesicht klatsche, um endlich aus diesem Albtraum zu erwachen. Doch ich bin bereits wach.

Der Frühstücksraum des Hotels ist schon gut besucht. Dennoch finden wir einen freien Tisch, der unseren Wünschen entspricht – möglichst ruhig und nahe dem lichtdurchfluteten Wintergarten.

Wir setzen uns, ordern unsere Getränke.

Nachdem wir die Bestellung aufgegeben haben, gehen wir zum Buffet.

Fast zeitgleich kehren wir an unseren Tisch zurück. Mein Magen ist alles andere als entspannt, dennoch versuche ich, etwas zu essen.

Nach dem Frühstück gehen wir zunächst nicht ins Schwimmbad, sondern am Strand spazieren.

Es ist ein herrlicher Tag. Die Sonne scheint. Es ist keine Wolke am Himmel, aber es ist sehr windig und noch ziemlich kalt. *Soll dies wirklich mein letzter Tag sein?*

Zunächst lassen wir uns vom Rückenwind schieben. Gehen zum ersten Mal nicht auf einem der gepflasterten oder asphaltierten Wege, sondern direkt im Sand.

Das Wasser ist nur in der Ferne zu sehen. Es herrscht Ebbe. In einzelnen Rinnsalen und in den verbliebenen kleinen Wasserstellen funkelt die Sonne.

Vereinzelt spazieren Menschen durch das Watt, die teilweise nur als kleine Punkte am Horizont auszumachen sind.

Hoffentlich kommen die rechtzeitig zurück, geht mir durch den Kopf.

Ich beobachte die großen und kleinen Schiffe, wie sie die Elbmündung hinauf in Richtung Hamburg fahren, beziehungsweise von dort kommend aufs offene Meer hinausziehen. Wehmut überkommt mich.

Nachdem wir ein ganzes Stück gegangen sind, drehen wir um.

Zurück im Hotel mache ich mich komischerweise gleich daran, unsere Schwimmtasche zu packen. Das Blatt Papier stecke ich ebenfalls ein.

Ich verstehe in diesem Moment nicht, was meine Hände, meine Füße, genau genommen mein ganzer Körper mit mir veranstaltet, wehre mich jedoch auch nicht dagegen.

Ich lasse es einfach geschehen.

Habe ich nicht Angst davor, dorthin zu gehen?

Was geht hier vor?

Badehose, Handtuch …

Irgendeine Kraft treibt mich voran.

Buch, Kekse, Getränke …

Alles geschieht … wie von selbst …

Bademantel, Badelatschen, Duschzeug …

Wo ist meine Angst geblieben?

Fertig.

Bin ich jetzt bereit zu sterben?

Die Frage bleibt unbeantwortet in mir zurück. Ich werfe mir die Tasche über die Schulter und wir verlassen kurz darauf das Hotel.

Es sind nur wenige Hundert Meter bis zum Hallenbad. Wieder kommt mir jeder meiner Schritte vor, als hätte ich Blei in den Schuhen. So wie gestern Morgen auf dem Weg zum Auto. Aber heute fühlt es sich doch irgendwie anders an.

Am liebsten würde ich stehen bleiben und einfach umkehren.

Dann bleib stehen.

Es geht nicht ... Diese merkwürdige Kraft treibt mich weiter voran. Schritt für Schritt. Meter für Meter.

Mein Atem wird schwer und mein gesamter Körper steht unter Spannung, als ich das Gebäude betrete, irgendeinen Geldbetrag an der Kasse bezahle, mich in einer kargen Umkleidekabine umziehe und in meinem Bademantel in die Herrendusche schlurfe.

Ich schaue mich um. Bin allein. Überlege noch kurz, ob ich mich abduschen soll, messe dem aber keine Bedeutung bei.

Ich gehe weiter, trete vor eine Tür. Die Tür, die in fast jedem Schwimmbad den Duschbereich von der Schwimmhalle trennt. In diesem Fall eine von grellem Licht durchflutete matte Glastür, durch die ich nicht hindurchsehen kann.

Das Licht, das von der anderen Seite gegen die Tür scheint, ist derart hell, dass ich regelrecht geblendet werde.

Das Licht zwischen Leben und Tod?

Mein Atem wird noch schwerer, scheint stillzustehen. Ich spüre, wie mein Herz in der Brust schneller und heftiger zu schlagen beginnt. Zögerlich lege ich meine rechte Hand auf die Klinke der Tür, öffne sie jedoch nicht.

RÜCKBLICK

Im Juli 2010 war die Welt noch in Ordnung. Ich stand auf der Sonnenseite des Lebens, hatte Erfolg im Beruf und war seit zwei Jahren glücklich verheiratet. Auch im Kreis meiner zahlreichen Freunde und Vereinskameraden beim Fußball, in den zwei Musikvereinen (den Blasmusikanten und der Big Band) und bei der Feuerwehr fühlte ich mich sehr wohl und war beliebt. Was ich auch anfasste, schien mir zu gelingen. Das Abitur, mein Studium, der Hausbau, die steile berufliche Karriere vom einfachen Sachbearbeiter zum Manager, die Musik, meine leitende Rolle in der örtlichen Feuerwehr, meine Beziehung …

Warum hätte ich all dies hinterfragen sollen? Weil ich kaum noch Zeit für mich hatte? Nur noch unterwegs war? Kaum noch zur Ruhe kam? Kann sein. Aber ich tat es nicht. Schließlich funktionierte alles irgendwie.

Es kam mir daher auch nicht in den Sinn, weitere Anfragen und Angebote auszuschlagen. Nach einer Übungsstunde der Blasmusikanten fragte mich unser Dirigent, ob ich nicht Lust hätte, Einzelunterricht bei ihm zu nehmen. Zwar war ich zunächst unentschlossen, hatte schon das Gefühl, mir zu viel aufzubürden, brachte es aber letztlich einfach nicht übers Herz, ihn durch eine abschlägige Antwort zu enttäuschen. Das Wörtchen „Nein“ kannte ich nicht.

Als wir uns an einem der folgenden Probenabende darauf verständigten, montags von 16 bis 17 Uhr gemeinsam bei ihm zu Hause zu üben, bemerkte ich nur beiläufig, dass sich mein ganzer Körper zusammenzog, als wir uns anschließend die Hände schüttelten und er mich freudestrahlend anblickte. Doch obwohl ich diese Reaktion meines Körpers zu ignorieren versuchte, fiel es mir schwer, seine freundliche Geste zu erwidern. Schließlich hatte ich gerade besiegelt, auch meinen letzten freien Nachmittag aufzugeben.

Sollte ich nicht doch auf meine innere Stimme hören und diese Sache sein lassen?, fragte ich mich.

Doch ich konnte oder wollte es nicht und so nahmen die Dinge ihren Lauf.

Im August war die Zeit der Schützenfeste gekommen, was in unserer Region Hochsaison für alle Blaskapellen bedeutete. Fast jedes Wochenende waren wir unterwegs. Nein, nicht ein Auftritt, oftmals zwei oder drei. Ich saß daher fast jeden Samstag und Sonntag stundenlang in meiner bayerischen Tracht auf der Bühne und machte Musik.

Ich tat mich zwar immer noch schwer, musikalisch in dieser anspruchsvollen Kapelle Fuß zu fassen, obwohl ich inzwischen ein gutes Jahr dabei war. Dennoch war ich jedes Mal stolz, bei den Auftritten die Tracht zu tragen, die in der gesamten Region als Markenzeichen hoher Musikqualität bekannt war. Stolz, weil ich denen, die es mir im Vorfeld nicht zugetraut hatten, optisch vorführen konnte, dass sie sich geirrt hatten. Doch dieser Stolz machte mich blind. Hatten sie sich wirklich geirrt?

Während unserer vielen Auftritte saß ich auf der Bühne meistens in unmittelbarer Nähe unseres Schlagzeugs. So auch am letzten Augustsonntag.

Wir hatten schon einige Stunden gespielt, als mich das helle Erklingen der Becken, die auf Höhe meiner Ohren etwa einen

Meter hinter mir aufgestellt waren, zu nerven begann. Eigentlich nervten sie mich ab einem bestimmten Zeitpunkt immer, doch an diesem Tag störten sie mich schon besonders früh.

Doch nicht nur die Becken des Schlagzeugs, sondern unsere ganze Musik kam mir an diesem Tag besonders laut vor und ich empfand sie irgendwann sogar als regelrechten Krach. In den Pausen war ich froh, dass meinen Ohren etwas Ruhe gegönnt wurde. Immer wieder dachte ich an jenem Nachmittag darüber nach, meine Sachen zusammenzupacken und nach Hause zu fahren.

Aber was sollten die anderen von mir denken? Ich konnte sie doch unmöglich im Stich lassen, zumal wir an diesem Tag eh nur sehr spärlich besetzt waren und am Nachmittag auch noch ein anstrengender Umzug durch das Dorf auf dem Programm stand. Also blieb ich, spielte weiter und zu allem Übel verschlug es mich dann bei der Aufstellung des Festumzuges wieder genau neben die Becken unserer Kapelle. Zufall?

Als ich am frühen Abend nach Hause kam, war ich kaputt. Mir dröhnte der Schädel und ich fühlte mich nicht besonders gut, hoffte aber, dass es mir am nächsten Morgen wieder besser gehen würde. Und zum Glück tat es das auch.

Unser Hausbau war zu diesem Zeitpunkt schon ziemlich weit vorangeschritten. Alles ging so schnell. Die Vertragsunterzeichnung beim Bauunternehmen im August 2009 (ziemlich genau ein Jahr zuvor), der Baubeginn im September, die Fertigstellung im Mai 2010. Zu schnell? Hatte ich mich von meiner Frau, dem Bauunternehmer und den Bankvertretern überrollen lassen, den ursprünglich für das Frühjahr 2010 geplanten Baubeginn nach vorne zu ziehen?

Eindeutig ja.

Nun wohnten wir schon seit gut drei Monaten in dem äußerlich fertigen Neubau. Doch der Berg an noch zu erledigenden „Kleinigkeiten“ schien einfach nicht kleiner zu werden. Es fehlte nach wie vor ein Garagentor und im gesamten Haus mussten noch Fußleisten, Bilder, Gardinen und Lampen angebracht werden. Die größte Baustelle war jedoch der Außenbereich, den wir komplett in Eigenleistung herrichten wollten. Seit einiger Zeit arbeiteten mein Vater und ich inzwischen daran, Kies auf der Auffahrt zu verteilen und das Gelände in Hanglage etwas zu begradigen. Immer wieder fiel mir auf, wie langsam wir in den vergangenen Wochen vorangekommen waren, obwohl ich fast jede meiner wenigen freien Stunden auf der Baustelle verbrachte.

Anfang September stellte ich eher beiläufig fest, dass meine Tage nun seit einigen Wochen – oder waren es gar Monate? – immer nach demselben Schema abliefen: 05:40 Uhr aufstehen, bis ca. 16 Uhr arbeiten, anschließend am oder um das Haus herum fleißig sein und an fast jedem Abend einem der Hobbys nachgehen.

Doch nicht nur unter der Woche, sondern auch am Wochenende war ich ausgebucht, mein Zeitplan voller Verpflichtungen. Zeit für mich? Fehlanzeige.

Nach dem Auftritt auf dem Schützenfest Ende August legte ich mir einen Gehörschutz für Musiker zu. Meine Hoffnung, wieder zur alten Freude an der Musik zurückzufinden, zerplatzte jedoch schon beim ersten Übungsabend im September.

Erst die Hälfte der Probenstunden war vorüber, als mir plötzlich schwindelig wurde. Derart heftig, dass der Notenständer vor mir sowie die anderen Musiker um mich herum plötzlich in weite Ferne zu rücken schienen. Alles spielte sich auf einmal in Zeitlupe ab. Stumm verkrampfte ich mich auf meinem Stuhl, um meinen sich drehenden Kopf irgendwie zum Stehen zu bringen. Ich konnte nicht mehr tun, als abzuwarten.

Irgendwann kehrte ich aus meiner Lethargie zurück, doch es gelang mir nicht mehr, die Noten mit meinem Instrument in Einklang zu bringen. So, als hätte ich es schlagartig verlernt. Es funktionierte plötzlich nicht mehr. Ich funktionierte nicht mehr.

Mir war sofort klar: Irgendetwas stimmte mit mir nicht, aber was, und vor allem, warum? Ich verstand es nicht. Versuchte es wieder und wieder, mit meinem Mund noch ein paar halbwegs geordnete Töne aus dem Instrument zu quetschen. Aber es wollte mir nicht gelingen. Irgendetwas oder irgendjemand schien das mit aller Kraft zu verhindern.

So etwas hatte ich bisher noch nicht erlebt und ich hatte keine Ahnung, wie ich jetzt mit mir klarkommen sollte.

Verunsichert legte ich meine Trompete zur Seite.

Die Dinge begannen, sich zu verändern.

Als ich am nächsten Morgen aufwachte, sah zunächst alles wieder deutlich besser aus. Fast, als ob nichts gewesen wäre.

Erleichtert und guter Dinge fuhr ich zur Arbeit, wollte weitermachen wie bisher. Meine Erleichterung verflog jedoch, als mich der Schwindel des Vorabends mit einem Mal auch auf der Arbeit überfiel. Wieder war ich wie gelähmt und es vergingen einige Minuten, bis ich aus meiner Schockstarre zurückkehren konnte.

Ich wurde nachdenklich.

Hat der Schwindel vielleicht doch nichts mit der Musik zu tun?

Diese Frage verunsicherte mich an den Folgetagen zunehmend, zumal der Schwindel mein ständiger Begleiter blieb. Schließlich suchte ich einen Arzt auf, um mich untersuchen zu lassen. Das Ergebnis: Ich war kerngesund – obwohl ich mich nicht so fühlte. Dennoch sah ich keinen Grund, etwas an meinem Lebensstil zu verändern.

Als wenige Tage später auch ein zweiter Arztbesuch dasselbe Ergebnis brachte, begann ich ernsthaft daran zu zweifeln, ob die anhaltenden Schwindelattacken tatsächlich der Realität entsprachen. Bildete ich mir das alles bloß ein? Nein, es gab eigentlich keinen Grund zu zweifeln, denn immer wieder und immer häufiger begann ich zu taumeln. Jedes Mal kam es mir vor, als hätte ich einen kräftigen Schluck aus der Pulle genommen, doch ich hatte nichts getrunken.

So blieb es bei meiner Suche nach einer Antwort auf die einfache Frage: Warum?

Warum?

Immer öfter und immer länger drehten sich fortan meine Gedanken darum. Doch obwohl ich mir meines ständigen Nachdenkens bewusst war, fand ich kein Mittel, aus dieser Gedankenspirale auszubrechen. Im Gegenteil. Es wurde schlimmer.

Abermals ging ich zu einem Arzt und wiederum wurde mir versichert, dass alles in bester Ordnung sei.

Ich war enttäuscht über dieses Ergebnis. Zum ersten Mal in meinem Leben wünschte ich mir, dass ein Arzt eine Krankheit bei mir diagnostizieren würde, welche auch immer.

Aber war ich überhaupt krank?

Am Abend des 16. September, es war ein Donnerstag, holte ich meinen Koffer aus seiner einsamen Ecke unserer Abstellkammer und begann, ihn mit meinen Utensilien für den bevorstehenden Wochenendausflug mit den Blasmusikanten zu füllen. Plötzlich zögerte ich.

Sollte ich nicht lieber zu Hause bleiben? Mich einfach mal ausruhen?

Ich spürte, dass mich diese Frage innerlich entzweite. Doch wie so oft hielt ich es für wichtiger, die Erwartungen der anderen zu bedienen. Also packte ich weiter, auch wenn meine stechenden Zweifel blieben:

Kann ich ihre Erwartungen überhaupt noch erfüllen? Bin ich noch der, der andere zum Lachen bringt? Noch die Stimmungskanone, die immer mitten im Geschehen ist und dafür sorgt, dass die Party ihren Namen auch wirklich verdient?

Die Gänsehaut auf meinen Armen war Antwort genug. Jedoch nicht die Antwort, die ich gern bekommen hätte.

Am nächsten Morgen klingelte mein Wecker etwas später als gewohnt. Bereits beim Aufwachen registrierte ich eine gewisse Unruhe in mir, die ich nicht so recht deuten konnte. Ich wollte mich davon aber nicht irritieren lassen, weshalb ich mir einredete, dass es Vorfreude sein musste, die diese Unruhe in mir auslöste.

Bewusst schwungvoll stieg ich aus dem Bett und ging ins Bad. Schnell bemerkte ich, dass mir die Lebendigkeit und gewohnte Leichtigkeit längst abhandengekommen waren. Im Gegenteil, ich fühlte mich müde. Lange stand ich in meinen Gedanken versunken vor dem Spiegel und haderte erneut, ob es nicht besser wäre, in letzter Sekunde abzusagen.

Erst als ich bemerkte, dass mir die Zahnpasta von der zu lange von mir schräg gehaltenen Zahnbürste ins Waschbecken zu rutschen drohte, kehrte ich mit einer Antwort aus meinen Gedanken zurück. Nach einem kurzen Frühstück machte ich mich auf den Weg zur Bushaltestelle.

Doch als ob all meine Bedenken nicht schon genug gewesen wären, kehrte zu allem Übel noch der Schwindel zurück.

Entsprechend unwohl fühlte ich mich, als ich am vorderen Eingang des Reisebusses die kleine Treppe hinaufstieg, im Vorübergehen dem Busfahrer einen guten Morgen wünschte, die Fahrgastebene erreichte und den langen Gang der Sitzreihen hinuntersah. Für mich war klar: Es gab jetzt kein Zurück mehr.

Ich atmete tief durch und schaute mich um. Der Bus war schon ziemlich gut gefüllt. Vor allem die vorderen Plätze, wo es nicht so stark wippt und schaukelt und auf denen ich am liebsten gesessen hätte, waren schon besetzt. Notgedrungen bahnte ich mir meinen Weg, den schmalen, beängstigend engen Gang zwischen den Sitzreihen entlang, in den hinteren Teil des Busses. Dabei lächelte und begrüßte ich alle freundlich, an denen ich vorüberging, und versuchte mir nichts von meinen Ängsten und den Ereignissen der letzten Wochen anmerken zu lassen.

Zu meinem Unbehagen fand ich erst kurz vor der letzten Reihe einen freien Platz. Als sich bei der Abfahrt des Busses herausstellte, dass der Sitz neben mir frei bleiben würde, war ich erleichtert. Ich beschloss, diesen kleinen Ausbruch aus meinem veränderten Alltag so gut es ging zu genießen und das Beste aus der Situation zu machen.

Müde und ausgelaugt kehrte ich am späten Sonntagnachmittag nach Hause zurück, holte nach einer kurzen Begrüßung meiner Frau nur noch meinen Kulturbeutel aus dem Koffer, putzte mir die Zähne und fiel hundemüde ins Bett.

Ich habe den Ausflug mitgemacht. Aber zu welchem Preis? War es das wert?

Keine Ahnung.

Trotzdem glaubte ich, einen Funken Hoffnung in mir zurückgewonnen zu haben.

Zwei Tage später war von diesem Hoffnungsschimmer nicht mehr allzu viel übrig. Meine Verzweiflung, dass ich mir immer noch nicht erklären konnte, was mit mir nicht stimmte, überlagerte die schönen Erlebnisse des vergangenen Wochenendes. Besonders mein wiedergewonnenes inneres Lächeln war dahin. Wie sollte es weitergehen? Ich wusste es nicht und das machte mir Angst.

Ich erinnere mich sehr gut daran, dass mich an jenem Tag erstmals das Gefühl überkam, an einem Halm langsam, aber sicher abwärtszurutschen. Dem Halm meines Lebens.

Immer wieder blieb ich dabei an kleinen Fortsätzen hängen, auf denen ich für einen Moment ausharren konnte, etwas Halt fand. Doch diese Fortsätze schienen sich nach und nach in Luft aufzulösen, sodass ich tiefer und tiefer rutschte, ohne zu wissen, wann mir der Halm ausgehen würde.

Der Dienstag nach dem Ausflug war so ein Tag, an dem einer dieser Fortsätze unter meinen Füßen einfach verschwand. Es war bitter zu erkennen, dass nichts mehr so war, wie ich es gekannt hatte.

Auch im Laufe des Oktobers ging es weiter abwärts. Zwanghaft klammerte ich mich an meine gewohnten Tagesstrukturen und Regeln und hoffte, dadurch wieder Halt zu finden. Vergeblich.

Der Halm glitt durch meine Hände wie ein von der Decke herabhängendes Seil, das ich aus dem Schulsport kannte. Noch hatte ich die mentale Kraft zu bremsen. Dumm nur, dass sie mehr und mehr nachließ, je länger ich auf einen dieser Halt bietenden Fortsätze warten musste. Und von einem Fortsatz war im Moment weit und breit nichts zu sehen.

Ende Oktober fiel mir schweren Herzens auf, dass ich mich immer mehr aus meinem sozialen Umfeld und somit meinem gewohnten Lebensrhythmus zurückzog und fast ausschließlich mit mir selbst beschäftigt war.

Bei der Freiwilligen Feuerwehr hatte ich mich nun schon seit Wochen nicht mehr blicken lassen. Gewissensbisse plagten mich, da es bisher nie meine Art gewesen war, mich einfach ohne ein Wort zu verdrücken. Doch was sollte ich meinen Kameraden sagen? Wie sollte ich mein Fernbleiben rechtfertigen, ohne mehr Fragen zu provozieren? Fragen, die ich ihnen nicht beantworten konnte. Ich wusste ja selbst nicht, was mit mir los war.

Doch nicht nur für die Feuerwehr, auch für die beiden Musikvereine fehlte mir die Kraft.

Stattdessen quälte ich mich mit meinen Gedanken herum, die sich noch nie über einen solch langen Zeitraum nur um mich gedreht hatten.

Klar, es gab schon Momente, in denen es mir auch früher nicht gut gegangen war und ich mir kurz mal Gedanken über mich machte, doch bisher hatten sich die Dinge immer wieder schnell von allein zum Guten gewendet.

Dieses Mal dauerte es jedoch erstaunlich lange. Bereits über drei Monate.

Anfang November war von meinem ehemals großen Selbstvertrauen kaum noch etwas vorhanden. Alles, was ich tat, führte nicht dazu, dass es mir besser ging. Im Gegenteil. Unsicherheit machte sich in mir breit, die mich mehr und mehr lähmte.

Aus purer Verzweiflung gab ich in einer Internetsuchmaschine das Wort „Schwindel“ ein und gelangte auf eine Seite, die eine Art Schnelltest über Anzeichen eines Burnouts beinhaltete. Nach kurzem Zögern beantwortete ich die folgenden zwanzig Fragen.

Was hatte ich schon zu verlieren?

Fragen	*Meine Antwort*
Haben Sie das Gefühl, dass Ihnen alles zu viel wird?	*Ja.*
Sind Sie gereizter als früher?	*Ja.*
Haben Sie Freude an Ihrer Arbeit?	*Nicht so wirklich.*
Sind Sie ständig niedergeschlagen?	*Immer häufiger ja.*
Fühlen Sie sich zu erschöpft für Freizeitaktivitäten?	*Ja.*
Häufen sich in den letzten Monaten körperliche Symptome?	*Eindeutig ja.*
Ziehen Sie sich zunehmend von Ihrem Freundeskreis zurück?	*Ja.*
Greifen Sie häufiger als früher zu Alkohol?	*Nein, im Gegenteil.*
Haben Sie Hoffnung, dass Sie etwas ändern können?	*Ja, oder?*
Haben Sie neue Pläne?	*Nein.*

Schlafen Sie gut?	*Nein, zunehmend schlechter.*
Haben Sie Zeit für den Partner?	*Ja. So wie bisher auch.*
Stellen Sie dafür oder zu anderer wichtiger Zeit das Handy aus?	*Nein, aber ich messe dem Handy auch sonst keine große Bedeutung bei.*
Fühlen Sie sich innerlich leer?	*Ja.*
Treten Ängste auf, die Sie früher nicht kannten?	*Oh ja!*
Kommt Ihnen alles sinnlos vor?	*Mehr und mehr ja.*
Fühlen Sie sich ständig unter Spannung?	*Ich glaube schon.*
Spüren Sie Rückhalt beim Partner bzw. bei Freunden?	*Eher ja.*
Haben Sie das Gefühl, Pausen sind für Sie verschwendete Zeit?	*Nein, aber wann mache ich schon Pausen?*
Nehmen Sie Schlaf- oder Beruhigungsmittel?	*Nein.*

(Quelle: www.gezeitenhaus.de/burn-out-test.html)

Auf den vorhandenen Button „Auswerten“ klickte ich jedoch nicht. Meine Gedanken fanden ihre eigene Antwort:

Lass dich nicht in die Irre leiten. So etwas kann dir gar nicht passieren. Du warst doch immer so lebensfroh und stets guter Dinge …

Was ist, wenn doch?

Bei diesem letzten Gedanken, der wieder einmal eine offene Frage in mir zurück- und einen weiteren Fortsatz am Halm verschwinden ließ, zog sich mein ganzer Körper krampfhaft zusammen. Ich rang nach Luft. In jenem Moment glaubte ich schneller abwärtszurutschen als je zuvor.

Dies war der Tag, an dem ich noch mehr im Gefängnis meiner Gedanken versank. Gedanken, die ein immer bedrohlicheres Ausmaß annahmen.

Ist doch alles bloß Einbildung!

Ich fühle mich so kraftlos, schlapp und kaputt. Die letzten Wochen haben deutlich an mir gezehrt.

Ich bin so müde. Was soll ich verändern, damit es mir endlich besser geht? Verdammt, warum hilft mir niemand? Alles, was ich bisher getan habe, hat nichts gebracht. Und jetzt?

Dieser Zustand macht mich fertig. Ich mache kaum noch etwas, aus Angst, etwas zu tun, wodurch es mir hinterher noch schlechter gehen könnte.

Was ist richtig?

Was ist falsch?

Ich möchte mein unbeschwertes Leben zurückhaben, so schnell, wie es geht! Aber wie?

Ich brauche eine Pause. Ich kann nicht mehr.

Nein, mach so weiter wie bisher. Du bist stark.

Bin ich das wirklich?

Ich muss etwas ändern, so kann es nicht weitergehen!

Aber wie stehst du dann da? Als Versager?

Habe ich versagt?

Nein, oder doch? Verdammt, ich weiß es nicht …

Am ersten Montag im Dezember rief ich schweren Herzens unseren Dirigenten an und meldete mich für die nächsten

Wochen auch bei ihm für den Einzelunterricht ab. Ich ahnte nicht, dass es für immer sein sollte.

Mitte Dezember nahm ich all meinen verbliebenen Mut zusammen, schleppte mich ins Feuerwehrhaus und legte im Rahmen einer Vorstandssitzung alle meine Ämter nieder.

Hinterher fühlte ich mich zwar erleichtert, zweifelte aber dennoch an meiner Entscheidung. Schließlich hatte ich mich von dem größten und gewichtigsten Brocken meines bisherigen Lebens verabschiedet.

An den folgenden Tagen verschwanden die Zweifel. Wichen dem Gefühl, dass durch die Bekanntgabe meines Rückzugs bei der Feuerwehr ein eiserner Gurt abgefallen war, der meine Brust eingeschnürt und mir meinen Atem genommen hatte.

War es nur einer von vielen?

Auch das wusste ich nicht.

Es ging trotzdem nicht bergauf. Ein paar Tage später fragte ich mich, was ich noch alles aufgeben musste, um die verbliebenen Eisengurte loszuwerden, die sich wieder und wieder wie eine Würgeschlange um meine Brust, meinen Hals und meinen Kopf legten, mir die Luft zum Atmen nahmen und das Gedankengefängnis fest verriegelten.

Die Blasmusikanten …

Wie lange war ich jetzt schon nicht mehr dort?

Es ist einfach zu viel und jedes Mal habe ich ein schlechtes Gewissen, wenn ich mich dort nicht blicken lasse.

Ich halte das nicht mehr aus … Ich … werde auch diesen Knoten durchschlagen müssen.

Gleich am selben Nachmittag setzte ich mich schweren Herzens ins Auto, fuhr zu Edu, dem Leiter der Blasmusikanten, und gestand ihm, dass mir mein derzeitiger Gesundheitszustand eine Pause abverlangte. Eine Pause, von der ich nicht wusste, wie lange sie dauern würde.

„Wenn du eine Pause brauchst, dann nimm sie dir. Es ist zwar schade, doch es ist wichtiger, dass du dein Leben wieder in den Griff bekommst. Nimm dir die Zeit, die du brauchst, und kümmere dich um dich, deine Frau und euer neues Haus. Alles andere ist unwichtig und sehen wir dann. Ich glaube aber, dass du irgendwann zurückkommen wirst, so wie ich dich bisher kennengelernt habe“, lautete seine weise Antwort, die mir innerlich tiefen Respekt abverlangte.

Ich war ob seiner Worte schlichtweg sprachlos und zugleich unglaublich dankbar. Dankbar, dass er es mir so leicht gemacht hatte.

Erneut fiel eine Last von mir ab und ich hatte seit Langem mal wieder ein vorsichtiges Lächeln im Gesicht, als ich Edus Haustür hinter mir zuzog.

Leider verschwand das Lächeln schnell wieder. Zu schnell.

Warum wird es nicht besser? Jetzt habe ich schon mit all meinen Hobbys aufgehört. Warum geht es dennoch nicht bergauf? Was ist bloß los mit mir?

Morgens beim Aufstehen geht es mir oftmals ziemlich gut, doch schon nach wenigen Stunden auf der Arbeit bricht alles immer wieder in sich zusammen.

Warum finden die Ärzte nichts? Warum hilft mir keiner? Es ist alles so viel und so … ausweglos.

Wie soll es weitergehen? Was muss ich noch alles hinterfragen oder beenden, damit es mir endlich besser geht? Ist es das Haus und das, was damit zusammenhängt?

Ist es meine Beziehung … oder gar mein ganzes Leben?

Wird sich jemals wieder etwas ändern?

Ja, es änderte sich etwas. Am 12. Januar freute ich mich im Laufe des Tages noch sehr darauf, mit meiner Frau ins Kino zu gehen, um „Harry Potter und die Heiligtümer des Todes – Teil I“ zu sehen. Je näher der Abend jedoch rückte, desto mehr schien meine Freude zu versiegen. Angst machte sich in mir breit, denn es würde laut werden und auch sehr spät, denn der Film hatte Überlänge. Ich fragte mich, ob ich mir das antun sollte, wo ich am nächsten Morgen doch wieder früh aufstehen musste.

Ich tat es.

Für mich? Nein, ausschließlich meiner Frau zuliebe, denn auch unsere Beziehung hatte in den letzten Monaten unter meiner zunehmenden Abstinenz gelitten. Ich sah es daher an der Zeit, ihr ein Lebenszeichen zu vermitteln, da es kaum noch gemeinsame Unternehmungen von uns beiden gab. Zwar verbrachten wir eigentlich mehr Zeit miteinander als je zuvor, allerdings überwiegend auf dem Sofa, wo ich mich sicher fühlte. Sicher vor der Welt und vor allem vor mir.

War ich es, der in der Vergangenheit Unternehmungslust und Initiative für gemeinsame Aktivitäten gezeigt hatte, so hatte inzwischen meine Frau diese Rolle fast vollständig übernommen. Trotzdem gelang es ihr zu diesem Zeitpunkt kaum noch, mich zu erreichen.

Bevor die Vorstellung begann, kaufte ich mir eine Tüte Chips und eine große Sprite. So wie an einem ganz normalen Kinoabend. Doch ab ungefähr der Hälfte des Films fiel es mir schwerer und schwerer, mich auf das Geschehen auf der Leinwand zu konzentrieren. Ich war müde und schlichtweg überfordert. Wollte wieder mal einfach nur nach Hause. Traute mich jedoch nicht, sie auch an diesem Abend zu enttäuschen und quälte mich bis zum Ende des Films. Bis zu der Szene, in der Harry Potters treuer Freund Dobby getötet wird und herzzerreißend in seinen Armen stirbt.

Ich erstarre in meinem Kinosessel, schaue gebannt auf die Leinwand und sehe plötzlich nicht mehr die Darsteller des Films, sondern mich selbst. Mich, wie ich dort mit einem Pfeil in der Brust liege und sterbe.

Es ist so … so unglaublich real. So, als passiert es wirklich. Eine Eiseskälte durchzieht meinen gesamten Körper.

Werde ich bald sterben?

Ich zitterte immer noch, als wir den Kinosaal verließen. Total verängstigt schleppte ich mich zum Auto. In meinen Gedanken herrschte nur ein Thema: mich umzubringen.

Fluchtartig verließ ich zu Hause das Auto und warf mich aufs Bett. An Einschlafen war an diesem Abend jedoch beim besten Willen nicht zu denken. Meine Gedanken hielten mich die ganze Nacht wach und es sollte nicht die letzte Nacht gewesen sein, in der ich kein Auge zubekam.

Ein weiterer Fortsatz des Halms hatte sich aufgelöst.

In der darauffolgenden Zeit gelang es mir kaum noch, aus meiner Verzweiflung, meinen Ängsten und der Todesgedankenspirale auszubrechen. Nein, ich wollte diese Gedanken nicht. Hätte auch nie gedacht, dass ich jemals derartige Fantasien produzieren würde wie:

… Fahr doch einfach gegen den nächsten Baum, dann hast du es hinter dir …

Doch sie waren einfach da. Unwiderruflich. Angsteinflößend. Lebensbedrohlich.

Warum spuken mir derartige Gedanken durch meinen Kopf und warum sind sie zu allem Übel auch noch so verlockend?

Ich weiß nicht mehr, wie oft ich im Auto unterwegs war, krampfhaft das Steuer umfasste und hoffte, lebend am Ziel anzukommen. Glücklicherweise war es bisher so. Aber wie lange noch?

Am letzten Freitag des Januars meldete ich mich zum ersten Mal seit Jahren in der Arbeit krank. Ich fühlte mich nicht gut, war müde und wollte mal wieder ausschlafen. Doch obwohl meine Frau das Haus am Morgen verlassen hatte und ich ungestört im Bett liegen konnte, kam ich einfach nicht zur Ruhe. Die Wände unseres Hauses schienen mich zu erdrücken.

... Die Treppe vor dem Haus muss noch gebaut werden ... die Garage noch verputzt ... eine Treppe von der Garage ins Haus muss her ... die Einfahrt muss noch gepflastert werden ... Aufgaben, Aufgaben, Aufgaben.

Ich rang nach Luft. *Ich schaffe das alles nicht!*

Verzweifelt und den Tränen nahe schlurfte ich an jenem Morgen vom Schlafzimmer ins Wohnzimmer hinunter, legte mich aufs Sofa und starrte an die Decke. Ich wollte einfach mal an nichts denken, aber es funktionierte nicht.

Der Beruf, das Haus, die Beziehung ... hier Erwartungen, da Erwartungen, überall Erwartungen! Was wollen die alle von mir, verdammt?

Ich kann nicht mehr.

Wie soll es weitergehen? Wie?

In der Schublade liegen Messer. Schneid dir einfach mal in den Arm ...

Nein!

Vielleicht doch.

Nein, nein, nein!

Erst die Gedanken im Auto und jetzt auch noch hier. Bin ich selbst zu Hause nicht mehr sicher?

Ich halte das nicht mehr aus … Ich muss hier raus!

Eilig stand ich vom Sofa auf und fuhr zu meinen Eltern. Meine Mutter öffnete mir die Tür und sah sofort, dass etwas nicht stimmte. Wir setzten uns ins Wohnzimmer, und ohne lange zu zögern, begann ich zu erzählen. Zu erzählen, wie es mir ging, ohne sie mit meinen Selbstmordgedanken zu sehr zu belasten. Was ich ihr erzählte, schien jedoch auszureichen, um sie einigermaßen sprachlos zu machen.

Doch viele Worte hatte ich von ihr auch gar nicht erwartet. Ich war froh, selbst geredet zu haben.

Wir schnappten uns den Hund und gingen eine langsame Runde spazieren. So war ich wenigstens nicht alleine zu Hause und hatte jemanden an meiner Seite, der auf mich aufpasste.

Wann hört das endlich auf? Kann es nicht einfach vorbei sein? Ich schaffe das nicht länger …

Hat das alles überhaupt noch einen Sinn? Wenn ja, welchen?

Keine Antwort. Erneut blieb mir die Luft weg. Ich glaubte an diesem Februartag, dass mir das Ende des Halms aus den Fingern geglitten war, dem ich nun im freien Fall hinterherblickte.

Verdammt, warum hilft mir niemand? Warum wache ich Morgen für Morgen auf und schleppe mich zur Arbeit? Wozu das alles?

Warum weine ich nicht einfach? Warum schreie ich nicht einfach?

Was habe ich falsch gemacht? Was genau habe ich übertrieben? Ist alles falsch? Mein ganzes bisheriges Leben?

Noch einmal suchte ich das Gespräch mit meiner Frau.

Doch auch sie wusste keinen Rat mehr, weshalb wir wieder zu meinen Eltern fuhren. Dieses Mal war nur mein Vater zu Hause. Er öffnete uns die Tür und bat uns hinein.

Ich war hin- und hergerissen. Wollte ich ihm gegenüber wirklich Schwäche zeigen? Eigentlich nicht. Ich war daher kurz davor, wieder kehrtzumachen und zu gehen. Konnte es aber nicht. Wo sollte ich auch hin?

Also nahmen wir auf dem Sofa Platz und ich redete mir die bedrückende Last der letzten Tage von der Seele.

Mir wurde klar, dass ich schon zu tief in den Sumpf gesunken war, als dass ich da aus eigener Kraft wieder herauskommen konnte. Ich brauchte professionelle Hilfe und ich musste mal raus aus meinem Alltag. Weg von all den Dingen, die mich bedrückten. Ich brauchte Urlaub.

FREITAG, 11. MÄRZ 2011 – FORTSETZUNG

Noch immer stehe ich vor der verschlossenen Tür zur Schwimmhalle. Frage mich, was wohl dahinter auf mich warten wird.

Ich halte einen weiteren Augenblick inne und lausche den Geräuschen der anderen Seite. Ich höre Stimmen, viele Stimmen, das Geschrei von spielenden Kindern und spritzendes Wasser.

Ich atme noch einmal tief durch, öffne die Tür und blicke anschließend in die weite Halle mit dem großen Schwimmbecken. Es sind nur drei Schritte bis zum Beckenrand, an dem ich stehen bleibe und hinab auf das friedliche Wasser schaue. Ich frage mich in diesem Moment, wie oft ich bereits eine Schwimmhalle betreten habe. So oft, dass es reine Routine sein müsste. Ist es aber heute nicht. Irgendetwas ist heute anders. Aber was?

Vielleicht, dass ich mir schlichtweg verloren vorkomme? Nicht weiß, was ich hier eigentlich soll? Oder sind es die Gedanken, mir das Leben zu nehmen, die mich derart verunsichern, dass meine Knie zu zittern beginnen und mir große Schweißperlen von der Stirn laufen? Ich weiß es einfach nicht.

Ich habe daher auch keine Idee, was ich meiner Frau antworten soll, als sie mich fragt, was wir nun machen wollen, nachdem wir uns umgezogen haben. Sauna, schwimmen, ausruhen?

Zwanghaft suche ich in meinen Gedanken nach einer Antwort, finde jedoch keine. Meine Gedanken schweigen. Ich schweige. Erstmals halte ich diese innere Stille aus, begebe mich nicht weiter auf die Suche. Stehe einfach nur da und warte ab, was passieren wird.

„Am liebsten würde ich jetzt einfach schwimmen gehen, aber …“

Meine Frau fällt mir ins Wort: „Kein Aber! Warum hinterfragst du immer alles und tust es nicht einfach, wenn du Lust dazu hast? Wenn du schwimmen willst, dann schwimm, verdammt! Einfach machen!“

Wie jetzt, einfach machen? …

Aber, sie hat ja recht. Warum hinterfrage ich immer alles? Warum ziehe ich nicht einfach meinen Bademantel und die Badelatschen aus und gehe ins Wasser?

Schweigen.

Es gibt augenscheinlich keinen Grund, es nicht zu tun.

Also …?

Eine neue, mir bisher fremde innere Stimme gibt mir Antwort.

Nicht denken!, lautet ihre Aufforderung.

Ich bin verwirrt. Frage mich ernsthaft, wer das gerade gesagt hat. Verrückt, oder?

Abermals stehe ich da. Nehme lediglich wahr, was gerade in mir vorgeht. Dass ich mich plötzlich ganz anders fühle als vorher. Freier, mutiger.

Was geht hier vor sich?

Bevor ich weiter darüber nachdenken kann, setzen sich plötzlich meine Füße in Bewegung. Ich bin davon derart überrumpelt, dass ich aus dem Gleichgewicht gerate.

Auch meine Frau ist verwirrt, schaut mir fragend hinterher.

Was soll ich ihr sagen? Ich weiß ja selbst nicht, was hier passiert.

Unbeirrt setzen meine Füße ihren Weg fort. Es mag komisch

klingen, doch ich komme mir in diesem Moment wie eine Puppe vor. Eine Marionette, die gerade zum Leben erweckt wurde und offensichtlich keine eigenen Gedanken braucht, sondern deren Handlungen von jemand anderem bestimmt werden. Doch wer ist dieser andere, der meine Fäden in diesem Augenblick in den Händen hält? Der veranlasst, dass ich die Tasche in den Ruheraum bringe und anschließend zum Rand des Schwimmbeckens zurückkehre?

Ich habe keine Antwort auf diese Frage, doch aus irgendeinem mir unerklärlichen Grund vertraue ich ihm. Lasse ihn gewähren.

Ich steige die Leiter hinab, tauche ins Wasser ein und sinke nach unten. Wieder warte ich ab, was passieren wird. Langsam geht mir die Luft aus. Ich schaue nach oben. Sehe erneut dieses helle, gleißende Licht.

Doch statt dass ich wie ein Betonklotz untergehe, wird der Puppenspieler wieder aktiv, bringt mich zurück an die Oberfläche und hält mich dort. Auch das passiert einfach so, ohne dass ich meinen Armen und Beinen den Befehl dazu gegeben habe.

Schwimm!

Und ich schwimme. Eine Bahn nach der anderen.

Pünktlich fünfzehn Minuten vor jeder vollen Stunde beginnt die Wellenmaschine, das Wasser aufzuwühlen. Von Sekunde zu Sekunde werden die Wellen höher und die damit verbundenen Strömungen stärker.

Wie ein Stück Holz bin ich der Brandung ausgesetzt.

Mein Körper wird auf und ab, von links nach rechts und umgekehrt getragen.

Als hinge ich an einem unsichtbaren Seil, werde ich aus dem tiefen Teil an den flachen Anfang des Beckens gezogen.

Dorthin, wo die eben noch so bedrohlichen Wellen seicht und friedlich auslaufen.

Bauchwärts, wie eine Robbe, spülen mich die Wellen nach und nach aus dem Wasser. Als mein Vortrieb zum Erliegen kommt, dreht mich der Puppenspieler auf den Rücken und richtet meinen Oberkörper auf, sodass ich aufrecht auf den hellen, in das Wasser führenden Mosaikfliesen sitze und auf das vor mir liegende Becken starre.

Ich verstehe das alles nicht.

Nicht denken.

Ich konzentriere mich auf meinen Bauch. Nehme wahr, wie er sich beim Einatmen hebt und beim Ausatmen wieder absenkt. Hebt ... und wieder absenkt. Hebt ...

Irgendwann schaue ich nach links. Sehe, wie kleine Kinder unter den wachsamen Augen ihrer Eltern mit der Dünung spielen.

Ich spüre ihre Blicke, die mich verwundert und fragend abtasten, so als wollten sie mir sagen, dass ich hier, in ihrem Spielbereich, nichts zu suchen habe. Dennoch werde ich von ihnen geduldet.

Ein Lächeln überzieht auf einmal mein Gesicht.

Es fühlt sich so gut an. So ... verdammt richtig. Als habe ich endlich das gefunden, wonach ich so lange gesucht habe ... Frieden.

Ich habe aufgehört, über alles nachzudenken.

Einfach so, von jetzt auf gleich. Das Band meiner Gedanken – durchtrennt.

Ich habe den Puppenspieler machen lassen und mein Körper hat Dinge getan, ohne dass mein Kopf ihn bewusst gesteuert oder beeinflusst hat. Einfach unglaublich!

Wie blind ich doch gewesen bin.

Mein Kopf hat mein Handeln bestimmt und in jedem Augenblick kontrolliert. Termine, Termine, Termine. Du musst, du musst, du musst. Mein Körper hatte keine Chance, sich zu behaupten.

Habe ich jemals auf meinen Körper gehört?

Die Todesgedanken, die fehlende Konzentration und der fehlende Antrieb: verzweifelte Hilferufe meines Körpers, die ich bisher nicht verstanden habe.

Ein unglaublich starkes Gefühl der Befreiung durchströmt mich in dieser Sekunde. Zentnerschwere Lasten scheinen von meinen Schultern abzufallen und mein immer noch vorhandenes Lächeln wird umgehend zu einem ausgeprägten Strahlen.

Endlich, endlich, endlich!

Einfach den Puppenspieler machen lassen. Das ist es. Das ist es!

Wie stark die Signale meines Körpers in den letzten Wochen waren …

Wie konnte ich sie bisher überhören?

Einfach machen! So einfach ist das! Danke, Schatz, für deinen Hinweis. Danke, danke, danke!

Die Wellenmaschine hat inzwischen ihren Betrieb eingestellt. In der ganzen Halle ist es wieder deutlich leiser geworden. Ich schwimme noch ein paar Bahnen. Der Puppenspieler will es so.

Als ich schließlich wieder festen Boden unter den Füßen habe, merke ich, dass meine Schritte so leicht geworden sind wie seit Monaten nicht mehr. Ein unbeschreibliches, aber zugleich fremdes Gefühl, an das ich mich erst gewöhnen muss. Mit tapsigen Schritten, als machte ich gerade die ersten Gehversuche meines Lebens, entferne ich mich vom Becken. Vorsichtig, langsam und zaghaft setzt sich ein Fuß vor den anderen. Erneut verschwindet alles um mich herum.

Ich tauche ein in eine andere Welt. Blicke gespannt und erwartungsvoll auf eine Bühne mit einer Marionette, die so aussieht wie ich. Sehe, wie sie auf der Schwelle einer Tür steht. Sie ist offen. Gleißendes Licht fällt der Puppe in die Augen, blendet sie.

Meine Füße bewegen sich.

Auch die Puppe macht einen Schritt nach vorn, hinein in dieses Licht. Das, was sie sieht, löst ein verzaubertes Staunen aus. Mit geöffnetem Mund blickt sie auf einen schier unendlichen Weg. Einen von grünen Gräsern und bunten Blumen gesäumten Weg. Es ist unglaublich schön. Es ist still und friedlich.

Was dieser Weg für mich bereithalten wird?

Es mag unwirklich klingen, aber mir kommt es plötzlich so vor, als bestünde ich aus zwei Teilen.

Einem äußeren Teil, der als Hülle und Träger für einen zweiten, einen inneren Teil dient.

Den äußeren Teil kenne ich aus dem Spiegel. Aber der innere Teil ist mir vollkommen fremd.

Dieses Gefühl und dieses Bild der Marionette sind so intensiv und so real, dass ich für einen Moment zu träumen glaube. Doch ich bin wach.

„Ah, da bist du ja. Wollen wir Mittagessen gehen?“, höre ich eine vertraute Stimme fragen.

Ich brauche einen Moment, um zu realisieren, wo ich bin und wer mich gerade angesprochen hat.

„Nein, Schatz“, entgegne ich ihr freudestrahlend, ohne darüber nachzudenken. „Der Groschen ist gefallen. Ich weiß, was ich falsch gemacht habe, und ich gehe erst in die Sauna, bevor ich etwas esse. Magst du mitkommen?“

„Nee, ich gehe essen“, lautet ihre verdattert klingende Antwort, während sie mich mit einem verführerischen Augenaufschlag zu überzeugen versucht, sie doch zu begleiten.

„Gut, dann sehen wir uns nachher. Du weißt ja, wo du mich findest“, kommt es nachdrücklich über meine Lippen, bevor meine Füße ihren Weg fortsetzen und meine Frau verdutzt stehen lassen.

Habe ich wirklich gerade NEIN gesagt? …

Einfach so? Keine Heuchelei, wie bisher, um ihr einen Gefallen zu tun? Kein Nachdenken darüber, was sie wohl am liebsten von mir gehört hätte?

Nur das gesagt, wonach mir in diesem Moment zumute war?

Das habe ich noch nie getan, weder ihr noch anderen gegenüber. Weder im Beruf noch in der Freizeit …

NEIN … Warum konnte ich es bisher nicht?

War es schwer??

Im Gegenteil. Ohne zu denken, war es sogar ziemlich einfach …

Nach drei ausgiebigen Saunagängen lässt mich der Puppenspieler es mir auf einer Liege der Sonnenterrasse bequem machen. In meinen Bademantel und zwei Handtücher eingemummelt, wäre ich fast weggenickt, hätte sich meine Frau nicht auf die Liege neben mir gesetzt.

Ich schaue zur ihr hinüber, lächele sie an und sie lächelt zurück.

„Wie hast du das vorhin gemeint, als du gesagt hast, der Groschen ist gefallen?“, fragt sie.

„Ich habe dank deiner Worte erkannt, was ich falsch gemacht habe. Ich habe immer nur auf meinen Kopf gehört, der mich wieder und wieder gedrängt hat, Dinge zu tun, die mir nicht gutgetan haben. Dinge, die mich in diese Situation geführt haben. Mein Kopf wollte immer mehr und mehr und ich konnte nicht NEIN sagen. Das alles ist jetzt die Quittung … Es könnte ein langer Weg sein, wieder fit zu werden, doch ich glaube, ich weiß endlich, was zu tun ist."

Sie schaut mich ungläubig, aber irgendwie erleichtert an. Meine Worte scheinen stark und überzeugend gewesen zu sein, jedenfalls hat sie dem, was ich gesagt habe, nichts hinzuzufügen.

Am Abend hole ich das Blatt Papier aus der Schwimmtasche und notiere mir auch die Ereignisse dieses Tages.

Warum?

Keine Ahnung.

Der Puppenspieler will es so.

SAMSTAG, 12. MÄRZ 2011

Ich brauche etwas Zeit, um wach zu werden. Immer wieder versucht mein Kopf mich zum Aufstehen zu bewegen, doch der Rest von mir folgt ihm nicht. Für mich die beruhigende Gewissheit, dass ER, der Puppenspieler, nach wie vor meine Fäden in der Hand hält. Doch kann ich IHM wirklich vertrauen? Wir kennen uns schließlich erst seit einem Tag.

Es wird Zeit brauchen, das herauszufinden. Zeit, die ich hier im Urlaub leider nicht mehr habe. Denn heute geht es bereits wieder nach Hause.

Hast du Angst vor zu Hause?

Nein, nicht direkt Angst.

Sondern?

Ich weiß es nicht.

Ist nicht seit gestern alles anders? …

Ja, aber genau das ist es. Ich kenne mich nicht mehr … Wer bin ich? Wo gehöre ich hin? Ist es überhaupt noch mein Zuhause? Wenn ja, was erwartet mich dort? Mein altes Leben? …

Nicht denken.

Nach dem Frühstück packen wir unsere Koffer und machen uns auf den Heimweg. Ich lasse mich, so gut es geht, vom Puppenspieler führen. Spüre jedoch die Anstrengung deutlich, als wir etliche Stunden später die Autobahn verlassen und ER mich das Auto auf einen Supermarktparkplatz in der Nähe unseres Wohnortes steuern lässt.

„Kommst du mit rein?“, fragt mich meine Frau.

Hmm, viele Menschen, laute Durchsagen, Gewusel, Lärm …

„Nein, ich brauche eine Pause", höre ich mich antworten.

Ich schaue ihr hinterher, bis sie im Gebäude verschwunden ist. Erst dann lässt der Puppenspieler fast alle meine Fäden lockerer, sodass mein Körper einen Teil seiner Anspannung verliert. Nur meine Hände dirigiert er weiterhin. Fährt den Sitz in eine angenehmere Position und legt die erst kürzlich von mir gekaufte, aber erst einmal gehörte CD „Adoro – Glück" in die Audioanlage ein. Zielstrebig wählt ER Lied Nummer neun aus.

Anschließend erschlaffen auch meine Hände und ich warte auf den Beginn der Musik.

Keine Ahnung, was nun kommt.

Schon an den ersten Tönen erkenne ich das Lied. Es ist eine Coverversion des PUR-Songs „Geweint vor Glück". Schon oft habe ich es gehört, jedoch noch nie so genau auf den Text geachtet wie heute.

Dunkel war der Tunnel,
eng, voll blanker Angst.
Die Nerven am zerfetzen,
innerlich verkrampft.

Hoffnung fast verloren,
und doch blieb stets dieses Licht.
Ganz weit zwar, noch am Ende
des Tunnels fest in Sicht.

Nie geahnte, neue Kräfte freigesetzt.
Gespürt, dass nichts, rein gar nichts den
Willen dir ersetzt
Hart gestrampelt, dem hellen Ende nah.
Plötzlich alles richtig, plötzlich alles klar.

Ich hab geweint vor Glück,
geweint vor Glück
Alle Dämme brachen,
trotzdem blieb die Katastrophe aus
Ich hab geweint vor Glück,
geweint vor Glück
Hab mich höchstens meiner Tränen
stolz geschämt
Ich hab geweint vor Glück

Mit dem Schicksal gehadert
und alle Welt verflucht
Im Meer aus Selbstmitleid ertränkt
und so mein Heil gesucht

Zweifelsmarterpfeile
quer durch Herz und Hirn
Verbissen gegen angekämpft,
so gut es eben ging
Lenken lernt nur, wer genügend übt
Jede Menge Fehler,
bis nichts die Richtung trübt
Bin angekommen,
sei's auch nur am ersten Ziel
Alles ist jetzt richtig
und gewonnen ist schon viel

Ich hab geweint vor Glück …
Ich hab geweint vor Glück … *

* Text & Musik: Hartmut Engler/Ingo Reidl

In meiner Bauchgegend beginnt es zu kribbeln und meine Unterlippe führt eine mir ebenfalls unbekannte, wabernde Bewegung aus.

Das ist … meine Geschichte … Warum wollte ER, dass ich das jetzt höre? Zufall?

Zwei, vielleicht auch drei Lieder später kehrt meine Frau aus dem Supermarkt zurück. Sie verstaut den Einkauf im Kofferraum und setzt sich zu mir ins Auto. Meine tränenunterlaufenen Augen kann sie wegen der verspiegelten Sonnenbrille auf meiner Nase zunächst nicht sehen, den veränderten Klang meiner krächzenden Stimme bemerkt sie jedoch sofort, als ich ihr etwas zu sagen versuche, aber kein Wort vollständig herausbringe.

Ihrem zaghaften Lächeln unterstelle ich in diesem Moment eine leichte Irritation. Mich zu fragen, was los ist, traut sie sich jedoch nicht.

Während ich sie beobachte, greift meine linke Hand bereits seitlich an den Sitz, stellt ihn wieder aufrecht, während meine rechte Hand den Zündschlüssel betätigt und den Motor startet. Beides geschieht wiederum nur durch IHN.

Wir verlassen kurz darauf den Parkplatz, kehren auf die Landstraße zurück. Es sind nur noch wenige Kilometer bis zum Ziel. Eine erste Träne läuft mir die Wange hinunter. Mein Kopf versucht einzugreifen, weitere Tränen zu verhindern, doch ER unterbindet das.

Nicht denken …

Es dauert nicht lange, bis die Straße verschwimmt, ich sie wegen meiner Tränen kaum noch erkennen kann. Ich drossele die Geschwindigkeit deutlich, sehe im Rückspiegel, wie sich eine Schlange an Autos hinter uns bildet, doch auch das ist mir in diesem Augenblick vollkommen egal. Um meiner Frau eine Erklärung zu liefern, hebt ER zaghaft meine Sonnenbrille an und zeigt ihr, was sich darunter abspielt.

Verwirrt schaut sie mich an.

Hat sie mich je weinen sehen? Nein.

Ich hingegen genieße es. Genieße, wie die kleinen, salzig schmeckenden Wassertropfen aus mir herauslaufen. Doch es ist mehr als nur dieser physikalische Prozess. Viel mehr. Eine Art innerer Reinigung, die so guttut, dass ich zu lächeln anfange und kurz darauf laut loslache.

Auch sie kann nicht anders, als mit mir zu weinen und sich mit mir zu freuen.

Endlich ist es raus! Wie lange habe ich jetzt darauf gewartet? … Egal!

Als ich das Fahrzeug vor unserem Haus abstelle, sind meine Tränen zwar versiegt, mein Gesicht und meine Hände sind aber noch nass. Ich fühle mich befreit, glücklich und … leicht.

Meine Füße tragen mich zur Haustür. Ich öffne die Tür und mein Blick fällt auf den großen Stapel Post im Hausflur. Ich ringe nach Luft. Der Alltag hat mich wieder.

Doch anstatt mich in alter Gewohnheit gleich daranzumachen, die Briefe zu öffnen, lenkt ER mich für einen kurzen Moment ab, lässt mir den Schlüsselbund aus der Hand fallen. Genug, um die Post aus den Augen und Gedanken zu verlieren und mich wieder auf meine Atmung zu konzentrieren.

Einatmen … ausatmen.

Ich werde ruhiger, gehe eine Runde durch unser Haus. Versuche etwas Vertrautes zu finden, einen Geruch, eine Verbindung zu einem Gegenstand, irgendetwas. Doch da ist nichts.

War ich jemals hier? … Wie kann das sein?

Nicht denken.

Meine vormals federleichten Schritte sind deutlich schwerer geworden, als ich das Haus verlasse und zu meinen Eltern gehe.

Meine Mutter empfängt mich an der Haustür. Ich umarme sie, strahle sie an und melde mich aus dem Urlaub zurück. Auch mein kleiner Neffe, der noch bis eben vergnügt, die ersten wärmeren Sonnenstrahlen ausnutzend, im Sandkasten gespielt hat, scheint das mitbekommen zu haben. Jedenfalls kommt er freudestrahlend hereingelaufen und fällt mir in die Arme. Ich drücke ihn fest an mich, als wäre es selbstverständlich. Doch ich habe es noch nie getan.

Nachdem wir beide diesen kurzen, innigen Augenblick genossen haben, rennt er wieder nach draußen.

Ich stehe mit meiner Mutter am Fenster. Wir schauen ihm beim Spielen zu, während ich ihr alles erzähle. Auch das mit dem Puppenspieler.

Ungläubig blickt sie mich an, als wolle sie mir sagen, dass ich jetzt total übergeschnappt sei. Mir ist klar, dass es verrückt klingt, aber ich weiß, dass es wahr ist.

Erschöpft von der Fahrt und meinem Gefühlsausbruch werde ich nach dem Mittagessen vom Puppenspieler ins Bett gebracht. Einschlafen kann ich jedoch nicht. Ein neuer, unglaublich starker Gedanke hat mich im Griff: Ich will oder soll ein Buch schreiben.

Diese Idee setzt eine derartige Energie in mir frei, dass es mich voller Tatendrang aus dem Bett zieht, ich die Treppe hinuntergehe, mir meine Aufzeichnungen aus dem Urlaub zur Hand nehme, mich aufs Sofa setze und zu schreiben beginne.

Was?

Dieses Buch.

Am Abend schaue ich meiner Frau dabei zu, wie sie das bei Ikea gekaufte Bild auspackt.

Ich sitze auf dem Sofa und kämpfe mit mir.

Soll ich ihr helfen oder reicht es für heute?

Wie ich das so sehe, wird sie es alleine nicht schaffen, die Leinwand auf den Rahmen zu spannen …

Was, wenn …

Nicht denken.

Sie ruft mich in diesem Moment zu sich.

ER folgt ihren Worten, ohne zu zögern, und nimmt mir so die Entscheidung ab.

Das Bild stinkt erbärmlich. Was ist das? Druckerfarbe?

„Wir können es unmöglich so ins Wohnzimmer hängen oder hier zum Auslüften stehen lassen. Das halte ich nicht aus!“, sage ich mit einer mir unbekannten Entschlossenheit, die ihr unmissverständlich zu verstehen gibt, dass ich es ernst meine. Überrascht sieht meine Frau mich an.

Wir bringen das fertig gespannte Bild in den Keller, wo es erst einmal ausdampfen soll. Ich bin froh darüber, den beißenden Geruch aus dem Wohnzimmer verbannt zu haben und das Bild nicht mehr heute aufhängen zu müssen.

Endlich Schluss für heute! … Was für ein Tag.

ERKENNTNIS DES TAGES:

Ich denke, ich kann IHM vertrauen.

SONNTAG, 13. MÄRZ 2011

Mein letzter Urlaubstag. Ich liege noch im Bett. Meine Energie, das Buch zu schreiben, ist heute Morgen bereits wieder enorm. Auch ER scheint davon begeistert zu sein, wenn es nicht sogar SEINE Idee ist.

„Ich werde ein Buch schreiben", bringe ich meiner Frau während des Frühstückens sehr verhalten entgegen, da ich zum einen unsicher bin, wie sie darauf reagieren wird, und zum anderen überrascht, was ER da gerade über meine Lippen hat kommen lassen.

Komm, sag schon, dass ich verrückt bin und es sein lassen soll.

„Wenn du ein Buch schreiben möchtest, dann tu es doch einfach."

Tu es doch einfach ... Das werde ich!

Mit der ersten Mahlzeit des Tages im Bauch und in meinem Vorhaben bestärkt, sitze ich im Arbeitszimmer. Aber ...

Wie schreibt man überhaupt ein Buch? ...

Schreibe ich das Buch nur für mich oder möchte ich es tatsächlich veröffentlichen?

Welchen Titel soll es haben?

Viele Fragen, auf die ich noch keine Antwort weiß. Aber sie kommen mir zum jetzigen Zeitpunkt auch nicht wirklich wichtig vor.

Hauptsache ich weiß, was ich schreiben will, und das scheine ich/scheint ER zu tun. Anders kann ich es mir jedenfalls nicht erklären, dass meine Finger wie von selbst über die Tastatur fliegen.

Nach dem Mittagsschlaf ist mein Drang, am Buch zu arbeiten, verflogen. Einfach weg. Stattdessen zieht es mich in den Hausflur. Vor dem Stapel Post kommen meine Füße zum Stehen.

Die Post. Jetzt?

Nicht denken.

Meine Hände greifen nach dem Stapel. Ich trage ihn ins Wohnzimmer, setze mich aufs Sofa und beginne damit, die Briefe zu öffnen. Die Werbung und die alten Zeitungen sortiere ich gleich aus. Nur wenige Zettel und Briefe bleiben übrig. Einen Brief hebe ich mir bis zuletzt auf. Ich habe ein wenig Angst davor, ihn zu öffnen, da mir der Absender auf dem Umschlag nichts Gutes verheißt.

Ignorieren hilft auch nicht!

Du hast ja recht.

Tatsächlich spüre ich die als besiegt geglaubte Schlange um meinen Hals, als ich den Brief öffne und den innenliegenden Zettel heraushole. Es ist eine Einladung zu einer Versammlung des Heimatvereins für den 29. März. Auch diese Mitgliedschaft hätte ich längst beenden bzw. mich erst gar nicht dazu überreden lassen sollen. Mein Herz wird schwer in der Brust und mir droht die Luft wegzubleiben. Bevor jedoch Panik in mir aufsteigen kann, konzentriere ich mich wieder auf meinen Bauch. Presse all meine Gedanken aus meinem Kopf an die schmale Stelle zwischen Bauchnabel und Schambein und spüre, wie ich Abstand bekomme. Ruhiger werde.

Nicht denken.

Nach einem ausgiebigen Spaziergang, vor dem ich mich zunächst leicht gesträubt habe, kommt mir eine weitere Vision in den Sinn. Eine Homepage für unser kleines Dorf.

Sofort entsteht in meinem Kopf eine klare Vorstellung davon, wie diese Seite aussehen soll und was für grobe Inhalte erscheinen sollen. Mir fällt die Einladung zu der Versammlung am 29. März wieder ein.

Dieser Termin wird meine Gelegenheit sein, diese Idee in die Tat umzusetzen …

Das schlechte Bauchgefühl zu diesem Stück Papier verschwindet postwendend.

ERKENNTNIS DES TAGES:

Es ist alles anders.

MONTAG, 14. MÄRZ 2011

Mein erster Arbeitstag nach dem Urlaub. Ich stehe im Hausflur, bereit aufzubrechen.

Was mich wohl heute in der Firma erwarten wird?

Ich weiß es nicht, rechne jedoch damit, dass es sehr anstrengend werden wird, da in meiner Abwesenheit wohl wieder einiges liegen geblieben ist. Nicht zuletzt deshalb hoffe ich inständig darauf, dass meine Erkenntnis und all das, was daran hängt, nicht durch den Arbeitsalltag wie eine Seifenblase zerplatzen und der neue Weg schon wieder zu Ende sein wird. Nicht auszudenken, was das für mich bedeuten würde.

Mein bisheriger Drang, den Schlüsselbund von der Wand zu nehmen und das Haus zu verlassen, versiegt plötzlich. Ich werde nervös, halte kurz inne und spüre in mich hinein. Auch jetzt fühle ich diese für mich unerklärlich intensive Gewissheit, dass es keinen Grund gibt, auch nur im Geringsten am Puppenspieler zu zweifeln.

Mir fällt ein Stein vom Herzen und ein breites Lächeln der Erleichterung überzieht mein Gesicht, begleitet von einem von mir unbeeinflussten Nicken meines Kopfes.

Es wird funktionieren. Unglaublich.

Dennoch bin ich aufgeregt und angespannt, als ich die Haustür hinter mir schließe. Ich komme mir vor wie an meinem ersten Arbeitstag. So als fehle mir jede Routine und Erfahrung für das, was jetzt vor mir liegt.

Eigentlich Blödsinn, doch irgendwie ist tatsächlich alles neu.

Im Auto auf der Fahrt ins Büro laufen jedoch wieder alte,

vertraute Gewohnheiten in mir ab: Ich lege mir in meinen Gedanken einen Plan für den Tag zurecht:

E-Mails checken.

Wie viele mögen es wohl dieses Mal sein?

Wie lange war ich weg? Eine Woche.

Dann werden es wohl so um die 80 Mails sein.

Papierpost durchschauen.

...

Es wird viel zu tun sein. Hoffentlich schaffe ich das alles.

Nicht denken.

Versuche, eben dies zu tun, indem ich meine Gedanken auch in dieser Situation einfach in meinen Bauch presse und mich ausschließlich auf diesen leichten Druck unterhalb meines Bauchnabels konzentriere.

Es funktioniert auch dieses Mal, meine Gedanken entfernen sich und mein Kopf verliert die kurzzeitig übernommene Kontrollfunktion. Der Puppenspieler hat wieder das Kommando.

Auf der Arbeit angekommen, werde ich freundlich von einer meiner Mitarbeiterinnen begrüßt. Ohne zu zögern, bietet ER ihr meine rechte Hand zur Begrüßung an. Eine Geste, die ich bisher so gut wie nie genutzt habe. Für mehr als ein kühles „Guten Morgen" im Vorübergehen hat es früher oftmals nicht gereicht, da ich beim Betreten meiner Abteilung in Gedanken rund um meine Aufgaben versunken war.

Entsprechend zögerlich und unsicher reagiert mein Gegenüber, bevor auch sie mir ihre Hand entgegenstreckt und wir uns erstmals nach ihrem Vorstellungsgespräch vor gut zwei Jahren auf diese Art und Weise begrüßen.

Was geht hier vor sich? Was geschieht hier mit mir?

Fühlt es sich nicht gut an?

Doch, aber …

Genug damit, weiter ins Büro!

Dieser Antreiber in mir findet nun erstmals kein Gehör. Ich registriere ihn zwar, bleibe jedoch mit meiner Aufmerksamkeit bei der besagten Region meines Bauches und lasse den Puppenspieler machen. Seine mich steuernden Fäden erschlaffen plötzlich. Meine Beine knicken ein und ich kann nicht anders, als mich auf eine freie Tischfläche ihres Schreibtisches zu setzen, was meine Mitarbeiterin ganz offensichtlich noch mehr verwirrt. Ihr Blick spricht Bände.

Als ich dann auch noch mit ihr das Gespräch suche, sie frage, was in meiner Abwesenheit so alles passiert ist, bekommt sie keinen Ton heraus.

Sie benötigt einen Moment, bis sie realisiert, dass ich es ernst meine und gerne eine Antwort von ihr hätte.

Nur langsam werden ihre Worte sicherer und kommen überzeugender und nicht mehr so abgehackt aus ihrem Mund.

Ich höre ihr aufmerksam zu, versuche aber zugleich Wichtiges von Unwichtigem für meine eigene Arbeit zu selektieren.

Neben vielen nebensächlichen Dingen erfahre ich von ihr, dass die Unternehmensleitung in der vergangenen Woche beschlossen und verkündet hat, dass aufgrund der aktuellen Auftragslage alle derzeit im Unternehmen tätigen Leiharbeitskräfte zum 30.06. gehen müssen. Meine Gedanken kreisen …

Alle Leihbeschäftigten müssen gehen? …

Das heißt, fünf meiner 15 Leute werden rausgeschmissen … Ein Drittel! …

Mir stockt der Atem.

Wie soll das funktionieren? Meine Auftragsbücher sind randvoll. Ohne diese Leute bricht mir alles zusammen.

Was heißt das für mich und die verbleibenden Leute?

Werden auch wir bald überflüssig sein? Sie werden uns kaum zu zehnt in dieser Abteilung weiterarbeiten lassen, das ist gegen alle bisherigen Gewohnheiten der Unternehmensführung.

Ich bin schockiert und weiß nicht, wie ich nun ihr gegenüber reagieren, geschweige denn, was ich sagen soll. Auf meinem alten Weg hätte ich mich wohl um Kopf und Kragen geredet, um diese Entscheidung als Führungskraft und somit als verlängerter Arm der Unternehmensleitung zu vertreten. Heute bleiben meine Lippen verschlossen.

Ein weiteres Mal horche ich an diesem noch jungen Tag in mich hinein und wundere mich, dass mich diese inhaltlich deprimierende Nachricht nicht weiter beunruhigt und mich nicht mental zurückwirft. Im Gegenteil. Keine Spur von Selbstmordgedanken und dieser noch bis vor wenigen Tagen in mir herrschenden Angst. Alles scheint okay zu sein, was mich sehr beruhigt, jedoch eine gewisse Verwunderung in mir zurücklässt.

Müsste ich mir nicht viel mehr Gedanken um meine eigene Zukunft machen?

Stille.

Anscheinend nicht.

Eine weitere Mitarbeiterin kommt aus einem für mich bisher nicht einsehbaren Teil unseres Großraumbüros und stellt sich zu uns.

Sie ist eine dieser Leiharbeitskräfte und muss meine Abteilung und das Unternehmen demnach in gut zweieinhalb Monaten verlassen.

Wie es ihr wohl gerade geht?

Was soll das, wozu ist das wichtig?

Sie schaut traurig aus. Ich habe ein mulmiges Gefühl, wenn ich sie so anblicke. ... Es ... geht ihr wohl nicht so gut.

„Wie fühlst du dich?“, frage ich sie. Zumindest kommen diese Worte aus meinem Mund.

Ich bin verwirrt. Noch vor zwei Wochen wäre mir ihr Zustand gleichgültig gewesen, da ich sowieso nicht weiter auf sie geachtet hätte.

Auch sie ist irritiert, ringt um Fassung und antwortet mir mit einem hervorgequälten Lächeln, dass es nicht ihr erster Wegfall eines Arbeitsplatzes sei und dass sich bei ihr schon eine gewisse Routine in diesen Dingen eingestellt habe.

Warum versucht sie mir etwas vorzumachen?

Wir drei sprechen noch einige Minuten sehr ungezwungen miteinander. Nebenbei füllt sich das Büro, was aus meiner Position auf dem Tisch in unmittelbarer Nähe der Zugangstür gut zu beobachten ist. Alle müssen an mir vorbeigehen, um an ihren Platz zu gelangen.

Der Puppenspieler lässt mich auch jeder weiteren eintreffenden Person zur Begrüßung die Hand geben und mich auf diese Art und Weise aus dem Urlaub zurückmelden.

Aus unserer Dreierrunde ist gut eine halbe Stunde später eine spontane Zusammenkunft aller Anwesenden geworden. Sie haben anscheinend Redebedarf oder zumindest das Bedürfnis, ihren Chef (mich) zu erleben, wie er sich verhält und positioniert.

Doch für eine klare Position meinerseits ist es offensichtlich noch zu früh. Wir sprechen zwar fast den gesamten Vormittag über das, was jede Einzelne/jeden Einzelnen in diesem Zusammenhang bewegt, der Puppenspieler überlässt mir aber die für mich ungewohnte Rolle des Zuhörers. Dabei versucht mein Kopf immer wieder in den Vordergrund zu treten, das

Zepter zu übernehmen, meinen Leuten Antworten zu geben. Aber der Puppenspieler erlaubt es mir noch nicht, in Aktion zu treten und Impulse zu geben.

Was für ein Start!, geht mir durch den Kopf, als ich am späten Vormittag mein Büro betrete und mich, durch das lange Zuhören erschöpft, in meinen Bürostuhl sinken lasse.

Wollte ich nicht längst vor meinem PC gesessen und die E-Mails der vergangenen Woche gelesen haben? …

Das andere schien wichtiger gewesen zu sein!

Ich benötige noch etliche Minuten und die gesamte halbstündige Mittagspause, um mich zu sammeln und das Gehörte zu verarbeiten. Auch dabei versucht mein Kopf, mich immer wieder anzutreiben, mir einzureden, mich mit anderen, produktiveren Dingen zu beschäftigen, in jedem Fall diesen vermeintlichen Stillstand aufzugeben. Ich habe bisher noch nichts geschafft, lautet sein Fazit des bisherigen Vormittags.

Habe ich wirklich noch nichts geschafft?

Obwohl mir die Antwort klar ist, komme ich mir irgendwie blöd vor, so „tatenlos“ im Büro zu sitzen und nichts anderes zu tun, als auf eine Aktion von IHM zu warten.

Erst am frühen Nachmittag schalten meine fremdgesteuerten Hände den PC ein und ich beginne damit, mein E-Mail-Postfach zu bearbeiten, in dem sich zu meiner Erleichterung nur magere 47 E-Mails befinden.

Ich verschaffe mir einen ersten Überblick und lösche gleich unwichtige Dinge. Viel eher als gewohnt macht sich das Gefühl bemerkbar, dass ich die Grenze meiner Aufnahmefähigkeit erreicht habe.

Was nun?

Lass es für heute gut sein!

Komm, mach schon. Bisher ging es doch auch.

Nicht denken.

Ich unterbreche meine Arbeit für einen kurzen Moment und schaue auf die Uhr: 14:37 Uhr.

Noch gute zwei Stunden bis zum Feierabend.

Los, du musst noch etwas schaffen.

Ich zögere, kann aber der Versuchung des geöffneten E-Mail-Programms nicht widerstehen, doch noch ein paar Dinge zu erledigen.

Lass es gut sein, verdammt!

Mach weiter!

Unter weiterem vollen Beschuss meines Kopfes probiere ich, mich auf meinen neuen Weg zu besinnen und mit meinen Gedanken in den Bauch zu wandern, um den Puppenspieler in Aktion treten zu lassen. Ja, ich habe für einen kurzen Moment seine Fäden verloren, aber immerhin habe ich es bemerkt.

Als hätte er nur darauf gewartet, sorgt er sofort dafür, dass ich das E-Mail-Programm schließe und den Monitor ausschalte. Eine weitere für mich nicht zu begreifende und mich irritierende Aktion. Schließlich war ich es bisher gewohnt, mit Vollgas durch den Arbeitstag zu hetzen.

Bis zum Feierabend sitze ich einfach vor dem schwarzen Bildschirm, bin mit meinen Gedanken so gut es geht in der Bauchregion und warte darauf, dass sich mein Körper erhebt, um mich nach Hause zu tragen, was dann nach gut anderthalb Stunden auch passiert.

Als ich zu Hause auf dem Sofa sitze, fühle ich mich verunsichert. Verunsichert, weil ich mich am heutigen Tag selbst nicht wiedererkannt habe, es mir nicht gelungen ist, über die volle Distanz dieses doch eher stressärmeren Arbeitstages meine gewohnte, oder besser gesagt, gewollte Leistung abzurufen und ich mich ernsthaft frage, wie ich stressige Tage überstehen soll.

Hast du heute irgendetwas Wichtiges nicht geschafft?

Ich muss länger über diese Frage nachdenken, komme am Ende jedoch zu einem eindeutigen Ergebnis: *Nein.*

Und dein Plan von heute Morgen?

Scheiß drauf! Unnötig.

Stimmt, es hat auch so ziemlich gut geklappt, mir/dem Puppenspieler treu zu bleiben.

Platt und müde bin ich trotzdem. Umso mehr überrascht es mich, dass mir der Puppenspieler noch keine Ruhe gönnt und mich in die Garage führt.

Was soll ich jetzt hier?

Ich beobachte mich fortan, wie ich mein Fahrrad startklar mache. Keine Ahnung, wie viele Jahre es bis dato unbenutzt in der Garage stand. Augenscheinlich schon länger, denn die Kette ist eingerostet und es ist total verstaubt. Dennoch funktioniert alles.

Nachdem ich die Reifen aufgepumpt, die Kette geölt und mich umgezogen habe, fahre ich los. Auch dies lasse ich einfach durch die mich führenden Hände geschehen und suche erstmals keinen Wettstreit mit der Uhr.

Entspannt fahre ich dahin. Mal langsam, mal schnell. So wie es mein Körper und nicht mein Kopf von mir verlangt.

Nachdem ich geduscht und mit meiner Frau zu Abend gegessen habe, sitze ich mit ihr auf dem Sofa.

Ich erzähle ihr von den Ereignissen meines Tages und sie mir von den ihren. Fast zwei Stunden sitzen wir so da.

Auch das haben wir in den fast elf Jahren unserer Beziehung noch nie gemacht. Wann auch? Ich war ja nie da, hatte stets andere Verpflichtungen. Ich hatte mir nicht vorstellen können, wie schön es ist ohne all diese Dinge. Heute weiß ich es besser. Ich bin so glücklich wie kaum zuvor.

Es ist bereits 20 Uhr, als ich mir meine Kladde zur Hand nehme und die vergangenen Zeilen zu Papier bringe. Nicht einfach nach einem anstrengenden Tag.

Es muss doch einen Weg geben, mich kürzer zu fassen, ohne wesentliche Dinge wegzulassen.

Nicht denken.

So geht also ein sehr ereignisreicher Tag zu Ende, der mich auch echt geschafft hat.

Ich bin müde, aber sehr froh, diesen Tag überstanden zu haben.

ERKENNTNIS DES TAGES:

Keine Pläne mehr! Es geht auch ohne und das sogar viel besser!

DIENSTAG, 15. MÄRZ 2011

Freue mich am heutigen Morgen darauf, zur Arbeit zu fahren. Denke mir: *Was kann mir nach dem ereignisreichen gestrigen Tag schon passieren? Und da ich gestern gut überstanden habe, wird mir dies heute auch gelingen.*

Falsch gedacht, aber der Reihe nach.

8:00 Uhr: Ich komme im Büro an.

8:30 Uhr: Telefonkonferenz mit der Unternehmensleitung. Es ist anstrengend, aufmerksam zuzuhören, ohne den Gegenüber zu sehen. Anstrengender als gedacht.

09:15 Uhr: Kurze Pause. Mein Kopf dröhnt. Ginge es nach dem Puppenspieler, würde ich jetzt erneut eine Ruhephase einlegen. Geht aber nicht.

9.28 Uhr: Die nächste Telefonkonferenz steht an.

Wie konnte ich diese Konferenz nur so schonungslos nah hinter die andere legen? Wem wollte ich damit etwas beweisen? Mir selbst? …

Du hast es selbst in der Hand, dies zu ändern. …

Ja, schon, aber was, wenn es den anderen nicht passt?

Nicht denken.

9.30 Uhr: Telefonkonferenz mit meinen Mitarbeitern im Zweigwerk. Ich leite diese Gesprächsrunde, wodurch es für mich noch anstrengender ist als in der ersten Konferenz.

Ich arbeite nach und nach die Punkte meiner Tagesordnung ab. Der für mich wichtigste Punkt steht jedoch nicht auf meiner Agenda, sondern kommt mir spontan und unüberlegt über die Lippen. Ich verlege diesen wiederkehrenden Konferenztermin auf einen anderen Tag, um mir mehr Erholungszeit zwischen den Terminen zu gönnen. Für heute hilft es mir jedoch auch nicht weiter.

Die Telefonkonferenz dauert zwar nur knapp 20 Minuten, dennoch fühle ich mich anschließend müde und ausgelaugt. Mir ist schwindelig, aber ich weiß nun, warum. Es ist einfach zu viel.

Pause! ...

Daraus wird wohl nichts.

10:00 Uhr: Besprechung mit dem Team vor Ort.

Erneut stehe ich in der Verantwortung.

Das Thema vom Vortag nimmt wieder einen großen Teil unserer Zeit ein. Im Gegensatz zu gestern fordert man erste Ideen von mir, wie es künftig weitergehen könnte. Habe mir darüber jedoch noch keine Gedanken gemacht.

Ich atme tief in meinen Bauch und lausche selbst den Worten, die über meine Lippen kommen:

„So wie ich euch in den vergangenen Jahren kennengelernt habe, scheint es mir für alle, auch für mich selbst, das Wichtigste zu sein, an diesem Standort zu arbeiten und nicht in eines der anderen Zweigwerke oder in die Firmenzentrale versetzt zu werden. Sehe ich das richtig?"

Ich suche den Blickkontakt mit jeder am Tisch sitzenden Person und erhalte von allen Anwesenden ein zustimmendes Kopfnicken.

„Gut", fahre ich fort, „dann ist es das, wofür ich in den nächsten Wochen für uns alle kämpfen werde. Eines muss uns dabei aber bewusst sein: Es ist eher unwahrscheinlich, dass wir unsere jetzige Aufgabe so weitermachen werden wie bisher. Wir sollten alle davon ausgehen, dass sich unsere individuelle Aufgabe und auch unsere Teamzusammensetzung stark verändern werden. Wer das für sich ausschließt und lieber im jetzigen Aufgabengebiet, aber an einem anderen Standort arbeiten möchte, gibt mir bitte bis Ende dieser Woche Bescheid."

Wow, habe ich das gerade gesagt?

Als ich ein weiteres Mal in die Runde sehe, blicke ich in schockierte und ungläubige Gesichter. An sich nichts Neues, das ist in der letzten Zeit bei den rasanter und häufiger gewordenen Veränderungen im Unternehmen schon das ein oder andere Mal vorgekommen. Dass mir die Reaktion meiner Leute jedoch bewusst ins Auge fällt, irgendwie nahegeht, mich zum Nachdenken bringt und ich nicht – wie bisher – einfach zum nächsten Tagesordnungspunkt übergehe, ist mir neu und verunsichert mich.

Was soll ich jetzt tun?

Du machst das schon.

Eine kurze Gesprächspause entsteht, in der mich viele Augenpaare ratlos anstarren und darauf hoffen, dass ich das eben Gesagte revidieren würde.

Soll ich? …

Ich fühle in mich hinein, versuche zu verstehen, was gerade in mir vorgeht, warum mir der Atem stockt, alles so schwer in meiner Brust ist und mich der Puppenspieler nichts sagen lässt.

Weitere, mir endlos vorkommende Sekunden vergehen, in denen leises Gemurmel einsetzt.

Während ich mich immer noch auf meine Atmung und das Gefühl in meinem Bauch konzentriere, bemerke ich, dass mein Blick auf die zahlreichen noch nicht angesprochenen Themen des vor mir liegenden Spickzettels fällt, sich mein Mund öffnet und ich lediglich sage, dass ich heute keine weiteren Dinge mehr ansprechen werde, da alle anscheinend erst einmal Zeit benötigen, das Gehörte zu reflektieren und zu verdauen.

Erneut wird es still.

Verwirrte und ungläubige Blicke treffen sich. Fragen sich untereinander und auch in meine Richtung, ob ich das tatsächlich ernst meine.

Auch ich selbst stelle mir diese Frage.

Als meine Hände die vor mir ausgebreiteten Unterlagen zu stapeln beginnen und sie in meiner Gesprächsmappe verschwinden lassen, besteht kein Zweifel mehr daran. Ich meine es ernst.

Spätestens als ich mich langsam erhebe, dabei jeder anwesenden Person kurz, aber tief in die Augen schaue, ihr dabei leicht zunicke und anschließend den Raum verlasse, haben es auch alle anderen verstanden: Es gibt keine weiteren Gesprächspunkte heute!

11:25 Uhr: Zurück in meinem Büro. Ich bin platt. Richtig platt.

Auf Drängen meines Kopfes versuche ich immer wieder, mit irgendwelchen Dingen anzufangen, doch der Puppenspieler lässt mich nicht.

Das Signal, es ruhig angehen zu lassen, ist so stark …

Wie konnte ich das früher nur immer wieder so konsequent überhören?

Schaffe bis zum Mittag nicht mehr allzu viel.

Warte erneut einfach ab, bis ER etwas mit mir macht.

Gehe dadurch – entgegen meiner bisherigen Gewohnheit – nicht gegen halb eins, sondern erst um 13:30 Uhr zum Essen. Gehe, weil ich Hunger habe und mein Körper es in diesem Moment von mir verlangt, Nahrung zu sich zu nehmen. Nicht, weil eine bestimmte Uhrzeit erreicht ist.

In der überfüllten Kantine setze ich mich mit meinem Tablett an einen Sechsertisch. Drei Kolleginnen sitzen bereits dort. Eine von ihnen wohnt im selben Ort wie ich.

Nach wenigen Augenblicken fragt sie mich, ob ich schon das neueste Gerücht aus dem Dorf kennen würde.

„Nein", lautet meine kurze, erwartungsvolle Antwort.

„Jemand aus dem Ort hat sich als schwul geoutet. Anfang dreißig soll er sein", sagt sie.

Anfang dreißig. Das ist mein Alter. …

Reden die Leute etwa über mich?

„Um wen geht es?", frage ich zögerlich.

„Sie reden über Pete", antwortete sie.

Pete? Mein bester Kindergarten- und Grundschulfreund?

Pete ist schwul …

Müsste ich jetzt nicht sehr überrascht und erschüttert sein? …

Ein wenig Sensationsgeilheit müsste ich doch spüren, oder? …

Hmm, weder das eine noch das andere ist der Fall.

Es fühlt sich … einfach nur richtig an. Ich bin sogar ein bisschen erleichtert, dass es so ist. Alles, was für mich bisher nicht so recht zusammenpasste, ergibt plötzlich einen Sinn. Seine Gestik, seine Mimik, sein fehlendes Interesse an typischen Jungsdingen (Fußball, Autos, Mädchen) …

Es muss für ihn eine große Befreiung gewesen sein, die Sache endlich auf den Tisch zu bringen. Endlich ist es raus.

Wie lange hat er diese quälende Gewissheit schon mit sich herumgetragen? Wie oft wollte er es wohl schon seiner Familie sagen und hat sich dann doch nicht getraut?

All diese Gedanken laufen binnen weniger Sekunden durch meinen Kopf.

„Ich kann mir das gut vorstellen", sage ich am Mittagstisch, womit ich für hochgezogene Augenbrauen und betretenes Schweigen sorge. Mit dieser Antwort haben die drei offensichtlich nicht gerechnet. Waren sie bis eben noch in Lauerstellung, richtig loszulästern, glaube ich nun, ein Umschwenken zu beobachten.

Wir spekulieren fortan nicht mehr, ob es tatsächlich sein kann, dass er schwul ist. Diese Frage scheine ich durch meine Antwort offensichtlich geklärt zu haben. Sondern wir reden darüber, wie er sich jetzt fühlen muss und wie es seiner Familie damit geht.

Mit zunehmender Gesprächsdauer schweifen wir immer mehr von Pete ab, werden immer allgemeiner und beenden unser lebhaftes Gespräch, als auch die Pausenzeit herum ist.

Ich frage mich auf dem Weg zurück ins Büro, wie ich jetzt mit dieser Nachricht umgehen werde.

Es einfach im Dorf weitererzählen, was ich sonst auch ohne Probleme konnte?

Kommt nicht infrage, du wirst ihn ansprechen und persönlich mit ihm darüber reden.

Was werde ich? Ich habe die letzten zwanzig Jahre doch kaum etwas mit ihm zu tun gehabt. Klar, wir sind uns in dieser Zeit ab und zu mal zufällig über den Weg gelaufen, aber …

Wer aus dem Dorf steht ihm so nahe wie du?

Viele Freunde hat er wirklich nicht im Ort. Ist da überhaupt jemand? … Es stimmt schon, wenn nicht ich, wer dann? … Soll ich wirklich? … Wie? … Wann? …

Du wirst sehen.

Die Stunden nach dem Mittagessen sind die reinste Quälerei für mich. Ich bin unglaublich müde. Doch was noch viel schlimmer ist, ich merke, dass sich mein Kopf mehr und mehr zurückmeldet, den Puppenspieler beiseiteschiebt.

Liegt das an den Tabletten, die ich nun seit gut zweieinhalb Monaten nehme, oder macht mich die Arbeit so fertig?

Na, du schaffst es wohl nicht, was?

Sei still! ...

Einatmen ... Gedanken mit dem Atem in den Bauch sacken lassen ... Ausatmen ... Einatmen ...

15:00 Uhr: Wähne mich wieder an der führenden Hand und gebe die abwartende Position vor dem schwarzen Bildschirm auf. Ich will noch ein paar Dinge schaffen, was mir zu meinem eigenen Erstaunen noch bis ca. 16:30 Uhr gelingt. Doch bin ich wirklich an der Hand des Puppenspielers?

17:00 Uhr: Ich komme zu Hause an, lege mich aufs Sofa und versuche, ein wenig zu schlafen.

Es gelingt nicht. Ich finde einfach keine Ruhe.

Warum kann ich nicht einschlafen? Was ist los? Was habe ich falsch gemacht? ...

Werde ich wieder in den alten Zustand zurückfallen?

Nicht denken ...

Einatmen ...

Meine Frau kommt nach Hause. Erleichtert lehne ich mich zurück.

Ich bin nicht mehr allein!

Kurze Zeit später sitzen wir erneut gemeinsam auf dem Sofa. Ich hoffe, wie in der gestrigen Unterhaltung mit ihr meine innere Ruhe wiederzufinden. Doch es ist nicht wie gestern.

Heute erzählt sie mehr als ich. Abermals am heutigen Tag bin ich Zuhörer. Es ist anstrengend, ihr zu folgen. Immer wieder schweifen meine Gedanken ab und ich muss mühsam in den Zusammenhang ihrer Worte zurückfinden. Mehrmals frage ich nach, weil ich den Faden ihrer Ausführungen verloren habe.

Auch als ich rede, muss ich mich sehr konzentrieren. Meine

Zunge ist schwer, fast wie betäubt. Ich habe kaum Spucke im Mund, was das Reden zusätzlich erschwert.

Werde unruhig. Irgendetwas stimmt nicht.

Merke, dass ich nervös meine Füße aneinanderreibe. Wenig später fangen auch die Hände an, sich miteinander zu beschäftigen.

Ich beende unser Gespräch relativ abrupt. Ich muss raus, muss mich bewegen.

Soll ich laufen oder Rad fahren? … Ich werde IHN entscheiden lassen.

Stehe vor dem Kleiderschrank und warte ab, was passieren wird. Wenig später beobachte ich meine Hände, wie sie nach den Fahrradklamotten greifen und ich diese anziehe.

Draußen dämmert es bereits. Ich muss mich beeilen loszukommen!

Ich versuche, Ruhe zu bewahren. Merke aber selbst, dass ich nur das Nötigste anziehe.

Hastig tragen mich meine Füße in die Garage und ich steige aufs Fahrrad. Gedanken, wo ich langfahren soll, mache ich mir jedoch nicht, lasse auch das einfach geschehen.

Zunächst fahre ich ein längeres Stück nur bergab, spüre keinen Drang zu rasen, jedoch auch nicht zu schleichen.

Ich nehme den kalten Fahrtwind deutlich auf der Haut meines Oberkörpers wahr.

Ich hätte mich doch etwas wärmer anziehen sollen.

Es soll so sein, wie es ist.

Fahre durch das Tal. Meine Beine führen weiterhin die Befehle meines Bauches aus.

Ich radle gemütlich dahin, merke jedoch, dass meine Oberschenkel schwerer werden. Schließe daraus, dass ich gar nicht so langsam sein kann, wie es mir vorkommt.

Als ich mein Fahrrad zurück in die Garage schiebe, ist es fast dunkel. Ich schäme mich dafür, ohne Licht gefahren zu sein, da ich mich selbst immer aufrege, wenn mir im Auto Radfahrer ohne Licht entgegenkommen.

Versuche mich innerlich für mein Verhalten zu rechtfertigen:

Ich bin ja nur Rad- und Feldwege gefahren.

Gestehe mir jedoch schnell ein, dass das lediglich eine Ausrede und keine Begründung für mein Verhalten ist.

Beiläufig stelle ich fest, dass ich meine innere Ruhe wiedergefunden habe. ☺

Erleichtert gehe ich zurück ins Haus. Eines ist mir heute bewusst geworden: Ich muss meine Therapie fortsetzen. Stehe psychisch doch noch auf sehr wackeligen Beinen und bin noch längst nicht so weit, wie ich gerne wäre.

Rufe sogleich bei Dr. Ferró an und vereinbare einen Termin für nächste Woche Donnerstag.

ERKENNTNISSE DES TAGES:

Psychotherapie auf jeden Fall fortsetzen.
Brauche noch Zeit.
Wie viel?
Egal. Ich habe Zeit.

MITTWOCH, 16. MÄRZ 2011

Habe unruhig geschlafen. Die Sache mit Pete ist mir auch in der Nacht nicht aus dem Kopf gegangen. Insbesondere, dass ich noch persönlich mit ihm über sein Coming-out sprechen möchte, hat mir keine Ruhe gelassen.

Ich werde zu ihm fahren. Aber wann? Gleich heute?

Auf der Arbeit geht es glücklicherweise ziemlich ruhig zu. Ich habe endlich Zeit, meine Urlaubsrückstände aufzuholen. Bereits am Mittag habe ich einen fast leeren Schreibtisch und kann es daher am Nachmittag deutlich entspannter angehen lassen.

Danke, Gott!

Danke, Gott? Was hat der damit zu tun?

Auf dem Heimweg kommt mir einer der beiden Musikvereine in den Sinn.

Heute um Viertel nach acht üben sie wieder. ... Wie lange war ich jetzt schon nicht mehr da? Ein halbes Jahr bestimmt. Ob ich mal wieder ...?

Ich ringe mit mir selbst.

Soll ich oder lieber doch nicht? ...

Ich werde es später entscheiden, schließlich habe ich noch ein paar Stunden Zeit.

Die Stunden vergehen jedoch schneller, als mir lieb ist.

Am frühen Abend sitze ich vor dem Fernseher und schaue mir einen Vorbericht zum nachfolgenden Champions-League-Spiel an.

Die Musik konnte ich, so gut es ging, ausblenden. Bis jetzt.

Ich schaue auf die Uhr. Es ist 20:10 Uhr.

Mein innerer Ringkampf beginnt von Neuem.

Los, hoch vom Sofa, den Instrumentenkoffer und die Notentasche geschnappt und auf geht's.

Wird mir das nicht zu viel?

Nicht …

… denken. Ich weiß.

Ich versuche aufzustehen. Nichts geschieht. Das Sofa scheint mich festzuhalten.

Es ist bereits 20:13 Uhr. Wenn du pünktlich dort auflaufen willst, solltest du schleunigst los.

Ist es dafür nicht bereits zu spät?

Versuche ein weiteres Mal, mich aus den Fängen der Polster zu befreien und aufzustehen. So wie an unzähligen Mittwochabenden zuvor. Erneut ohne Erfolg.

Dann soll auch das anscheinend so sein.

ERKENNTNIS DES TAGES:

Es ist noch zu früh für die Musik.

DONNERSTAG, 17. MÄRZ 2011

Heute war es wieder sehr anstrengend auf der Arbeit. Ich habe mich durch den Tag gequält. Müde und ausgelaugt verlasse ich das Büro.

In meinem Wohnort angekommen, erreiche ich die Kreuzung, an der es zu unserer Straße geht.

Nur noch einmal rechts abbiegen. …

Ich habe den Blinker des Autos bereits betätigt, die Geschwindigkeit reduziert und gebe nun meinen Händen den Befehl, nach rechts zu lenken. Aber sie tun es nicht.

Nach rechts! Hallo, ich muss hier rechts rein.

Nicht denken.

Immer noch blinkend und mein vermeintliches Ziel mit den Augen verfolgend, schleiche ich an der Straße vorbei.

Wie oft habe ich in meinem Leben diesen Vorgang schon vollzogen? Dreitausend Mal bestimmt.

Noch nie hat es mich derartig weitergezogen …

Es ist einfach unglaublich, was hier passiert.

Nach einigen Metern stelle ich den Blinker aus und lege mein Schicksal ein weiteres Mal in die Hände des Puppenspielers.

Nur ER kann dafür verantwortlich sein, denke ich mir und bin gespannt, was jetzt geschehen wird. Ich habe so eine Ahnung.

Am Ende des Ortes halte ich plötzlich an. Ich stehe vor der Einfahrt eines Bauernhofes. Petes Hof. Ich parke das Auto vor dem kleinen, ziemlich neuen Kuhstall mit seiner hölzernen, im typisch bayerischen Stil gestalteten Außenfassade.

Es ist kein Mensch zu sehen. Nichts bewegt sich oder macht irgendein Geräusch. Selbst die über einhundert Kühe sind still, geben keinen Laut von sich. Ein gespenstisches Szenario.

Was will ich hier eigentlich? …

Stille. Es bedarf offensichtlich keiner Antwort.

Ich werde nervös.

Was, wenn ich Pete gleich sehe?

Siehst du ihn?

Nein.

Dann fahr nach Hause. Du hast es wenigstens versucht.

Anstatt jedoch den Schlüssel wieder ins Zündschloss zu stecken und vom Hof zu fahren, lässt mich der Puppenspieler aus dem Auto steigen. Ich spüre deutlich meinen Pulsschlag im Hals und auch das Atmen fällt mir schwer, denn noch immer habe ich keine Idee, was ich zu ihm sagen soll.

Ich schaue mich flüchtig auf dem Hof um und wäre in diesem Moment nicht böse, wenn Pete nicht da wäre.

Plötzlich geht eine Tür auf. Ich zucke zusammen und erstarre. Ein Lehrling kommt aus dem Stall.

Wir kennen uns nicht. Schauen uns fragend an.

Entgegen meiner Gedanken, hier so schnell wie möglich zu verschwinden, setzen sich meine Füße in Bewegung. Ich gehe langsam auf den Lehrling zu.

Was mache ich hier eigentlich?

Mein Mund öffnet sich. Ich frage ihn nach Pete.

Er sei im Melkstand, antwortet der Lehrling und gibt mir mit der Hand ein Zeichen, ihm zu folgen.

Soll ich wirklich?

ER beantwortet mir diese Frage, lässt mich dem jungen Mann folgen. Meine Schritte sind schwer und langsam.

Stehe kurz darauf im Melkstand. Es riecht nach Kuhmist.

Mir fällt auf, dass ich so gar nicht hierher passe, mit meiner sauberen Jacke, der hellen Jeans und meinen geputzten Designerschuhen.

Ich entdecke Pete. Er mich jedoch nicht, da er am anderen Ende des Raumes an den Melkschläuchen zu Gange ist. Mehrere Kühe stehen rechts und links von ihm und werden abgezapft. Die arbeitende Melkmaschine dröhnt. Es ist laut.

Ich traue mich nicht zu rufen. Müsste sehr laut rufen. Will ihn aber nicht erschrecken.

Verloren stehe ich da, weiß nicht, was ich nun tun soll.

Ob ich wieder fahre?

Ich beobachte den Lehrling, wie er Pete auf die Schulter tippt, etwas zu ihm sagt und zu mir herüberzeigt.

Beide schauen mich an, reden miteinander, doch ich sehe nur, wie sich ihre Lippen bewegen. Verstehe nicht, was sie sagen. Pete wirft mir ein schüchternes Lächeln zu und kommt auf mich zu.

Mein Hals schnürt sich zu und je näher er mir kommt, desto größer wird der Kloß in meinem Hals. Ich zweifele inzwischen daran, überhaupt einen Ton herauszubekommen.

Wenig später steht Pete vor mir, kann mir jedoch nicht in die Augen sehen.

Ich glaube, er ahnt, warum ich hier bin.

Mit krächzender, unsicherer Stimme frage ich ihn, ob er kurz Zeit für mich habe. Gemeinsam gehen wir nach draußen.

Sein Gesicht ist kreidebleich. Er ist mindestens genauso aufgeregt, nervös und unsicher wie ich.

Was soll ich jetzt sagen? Wie gehe ich es am geschicktesten an?

Wir schweigen uns für einen Moment an.

„Ich habe gehört, dass du schwul sein sollst, stimmt das?“

O Mann, wie unsensibel von mir.

Alles, was ich eigentlich sagen wollte, mir im Kopf zurechtgelegt hatte, ist dahin.

Meine Frage hat gesessen, hat ihn noch stärker verunsichert, noch blasser gemacht.

Ich hätte jetzt gern einen Spiegel, möchte gern wissen, wie ich selbst aussehe. Wahrscheinlich auch nicht viel besser als er.

Mit einem sehr unsicheren, fragenden Lächeln bestätigt Pete meine Frage. „Ja, ich bin schwul."

Seine weiße Gesichtsfarbe ist einem sich schämenden Rot gewichen. Er zittert ein wenig.

Wovor hat er Angst?

Ich glaube, vor mir. Er kann ja nicht wissen, dass ich seine Entscheidung toll finde und mich für ihn freue, dass es endlich raus ist.

Ich sage es ihm einfach.

Ungläubig mustern mich seine Blicke, versuchen herauszufinden, ob ich mich lustig über ihn mache oder es tatsächlich ernst meine.

Was kann ich tun, um ihm zu beweisen, dass ich es ernst meine?

Ich nehme ihn spontan in den Arm und drücke ihn an mich. Er zögert zunächst, erwidert dann aber meine Geste mit zunehmender Intensität. Wir liegen uns wenige Sekunden im Arm, doch die Mauer zwischen uns ist zerbrochen.

Uns beiden fällt die anfängliche Beklemmung von den Schultern. Ihm noch viel mehr als mir. Wir reden fortan über uns, auch über mich. Ich bin genauso offen zu ihm wie er zu mir. Wir erkennen, dass wir beide eine Last zu tragen hatten, ohne dass wir das direkt aussprechen.

Er sagt, dass er mir in den letzten Monaten angesehen habe,

dass es mir auch nicht gut gegangen sei, er jedoch nicht den Mut gehabt habe, mich anzusprechen.

„Ich bin dir nicht böse. Ich hätte wahrscheinlich eh eine Geschichte erfunden, um keine Schwäche zu zeigen“, antworte ich ihm.

Sämtliche Barrieren sind gefallen. Ich fühle mich sehr gut und spüre, dass es ihm genauso geht. Sein unsicheres Lächeln hat sich in ein Lächeln der Erleichterung und der Freude gewandelt. Wir sind uns in diesem Moment so nah wie nie zuvor.

... Wie die Dinge von selbst geschehen, wenn man nicht großartig darüber nachdenkt.

Eine halbe Stunde später liege ich relativ entspannt im Bett und versuche ein wenig zu schlafen. Werde aber immer zappeliger statt ruhiger. Mein Kopf beginnt mehr und mehr zu arbeiten. Ich verkrampfe innerlich und das wohlbekannte Druckgefühl im Kopf baut sich auf.

Geht alles wieder von vorne los? Nein, bitte nicht!

Je mehr ich darüber nachdenke, desto schlimmer wird es.

Was ist los und vor allem, warum?

Geh laufen!

Der Puppenspieler reißt mich regelrecht aus dem Bett. Ich ziehe mich um und laufe einfach los. Versuche, den Regen, die nasse Kälte und meine fragenden Gedanken, wohin ich laufen soll, auszublenden.

Richtung und Tempo unterliegen plötzlich nicht mehr meiner bewussten Steuerung. Ein weiteres Mal bin ich regelrecht geflasht, wie deutlich auch jetzt wieder die Signale tief aus meinem Inneren heraus sind, und unsagbar froh, endlich die richtige Frequenz gefunden zu haben, diese Signale empfangen zu können. Glaube, mich in diesem Moment im inneren Gleichgewicht zu befinden, was mir Tränen in die Augen treibt. Ich fühle mich stark.

Beruhigt und glücklich gehe ich ins Bett.

ERKENNTNIS DES TAGES:

Wie sehr uns unser Kopf doch beeinflusst und einfache Dinge zu einem schier unüberwindbaren Berg werden lässt.

FREITAG, 18. MÄRZ 2011

Der Vormittag im Büro verläuft ohne besondere Ereignisse. Es fällt mir nach wie vor schwer, mich durchgehend zu konzentrieren. Lege immer wieder Pausen ein. Dann, wenn es mir mein Körper signalisiert.

Mache früher Feierabend als gedacht. Bereits um kurz vor 13 Uhr packe ich meine Sachen zusammen, schnappe mir meine Tasche, verlasse mein Büro und verabschiede mich von den verbliebenen Kolleginnen und Kollegen. Einige sind bereits ins Wochenende gegangen.

War ich eben noch darauf gepolt, nach Hause zu fahren, werde ich jetzt den Gedanken nicht mehr los, noch ins Fitnessstudio zu gehen.

Als ich das Auto erreiche, zieht es mich direkt zum Kofferraum. Ich tausche meine Aktentasche gegen die Sporttasche.

Willst du wirklich noch zum Sport gehen? Wartet deine Frau nicht wie gewöhnlich zu Hause mit dem Mittagessen auf dich?

Schreibe ihr eine SMS, während ich mich mit der Sporttasche über der Schulter bereits unbewusst einige Meter vom Auto entferne. Will zum Auto zurückgehen. Doch ER lässt mich nicht. Mein rechter Fuß ist wie einbetoniert. Etwas hält ihn fest, will offenbar nicht, dass ich umdrehe.

Ich kann es nicht erklären, aber ich habe das Gefühl, als sei ich an ein langes Gummiband gebunden, dessen Ursprung im Fitnessstudio liegt. Und eben dieses Band zieht mich nun dorthin.

Wie stark dieses Band, diese … Art Energie ist.

Unfassbar.

Ich betrete das Fitnessstudio. Ziehe mich um und beginne mit den Übungen, merke aber ziemlich schnell, dass ich bereits seit zwei Wochen die Gewichte nicht mehr gestemmt habe. Schaffe weniger Wiederholungen als zuvor. Spüre die Anstrengung in den Muskeln. Gebe bei jeder Übung, so viel ich kann, beziehungsweise so viel, wie mein Körper zulässt.

Mir wird bewusst, wie schonungslos ich auch im Fitnessstudio mit meinem Körper umgegangen bin. Ihn von Übung zu Übung gezwungen habe, dabei stets die Uhr im Blick hatte, möglichst schnell sein wollte und von dem Gedanken getrieben wurde, immer schwerere Gewichte zu stemmen.

Heute ist das anders. Ganz anders. Ich benötige deutlich länger. Lege immer wieder kurze Erholungspausen ein, lasse es entspannt ablaufen. Keine Termine im Anschluss, kein Zeitdruck.

Verlasse das Trainingszentrum. Meine Muskeln sind erschöpft, doch ich bin glücklich.

Am späteren Nachmittag kommt meine Frau auf die Idee, das neue Bild von Ikea aufzuhängen. Es war eine sehr gute Entscheidung, das Bild zunächst zum Ausdampfen in den Keller zu bringen, denn heute ist der ekelhafte Geruch fast komplett verschwunden.

Ich schaue mir anschließend unser Werk an. Das Bild hängt vollkommen waagerecht. So, wie wir es haben wollten. Aber ich fühle mich irgendwie sehr unwohl.

Irgendetwas stimmt noch nicht. Aber was? …

Kann es sein, dass von dem Bild auch diese Energie ausgeht? Warum sollte ich sonst immer wieder dorthin schauen?

ERKENNTNIS DES TAGES:

Da ist diese Energie … in mir und anscheinend auch um mich herum …

SAMSTAG, 19. MÄRZ 2011

Wachen beide relativ früh auf.

Bin nach meiner Frau im Bad. Fühle mich noch schlapp und müde, als ich meinen Schlafanzug gegen mein lockeres Wochenenddress tausche und mich dann auf den Weg zur Küche mache.

Gehe die Treppe hinunter, drehe mich nach rechts. Stehe vor der Wohnzimmertür, öffne sie und gehe hindurch.

Schaffe nur zwei Schritte. Spüre die Energie des Bildes. Sie ist stark, bremst mich, lässt meine Füße zum Stillstand kommen. Kann es mir zumindest nicht anders erklären, warum ich plötzlich anhalte.

Stehe neben dem Bild. Versuche mich abzulenken, es einfach zu ignorieren. Es funktioniert jedoch nicht.

Mein Blick wird auf das Bild gezogen. Schaue es mir einige Zeit an.

Horche in mich hinein. Ein Gefühl des Unbehagens durchströmt meinen Körper und lässt die besiegt geglaubte Schlange aus dem Nichts zurückkehren. Spüre ihren seichten, heftiger werdenden Druck rund um meinen Kopf.

Was geht hier vor? …

Es hängt einfach zu tief! Die Baumkrone ist genau auf meiner Augenhöhe. Die Sonnenstrahlen, die durch Astwerk und den leichten Nebel nach unten fallen, gehen für mich komplett unter.

Was gestern Abend im Sitzen noch halbwegs erträglich war, geht heute Morgen im Stehen gar nicht mehr. Es sieht einfach komisch aus.

So kann es nicht bleiben!

Wir frühstücken zunächst. Nehmen dann aber unverzüglich das Bild von der Wand. Versuchen, DIE Position zu finden. Zu hoch. Zu tief, anschließend wieder zu hoch.

Bin von mir überrascht, welche Akribie ich bei dieser Sache an den Tag lege.

War mir so etwas bisher nicht vollkommen egal? …

Auch das gehört wohl zu meinem neuen Weg dazu.

Zum Glück ist das Bild ziemlich leicht, trotz seiner stattlichen Größe, sodass wir beide keine langen Arme vom Halten bekommen.

Endlich. Nach einigem weiteren Hin und Her ist das Unbehagen in mir verschwunden. Das Bild anscheinend dort, wo es später hängen soll.

Rüste mich mit dem Akkuschrauber und meine Frau sich mit dem Staubsauger aus. Schnell sind die beiden neuen Löcher gebohrt und das Bild ist aufgehängt.

Viel besser! Jetzt hängt die große Baumkrone über meinem Kopf und es kommt mir vor, als ob ich wirklich unter diesem Baum stehe und nach oben durch die Äste Richtung Sonne blicke. …

Wirklich okay so?

Ja, so kann es bleiben.

Die Zeit bis zum Mittagessen vergeht wie im Flug. Wir bringen noch zwei Gardinenstangen im bisher ziemlich kargen Wohnzimmer an. Auch ohne die Stoffvorhänge, die noch gekürzt werden müssen, ist ein völlig neues Raumgefühl entstanden.

Es sieht toll aus!

Wehmut durchzieht mich in diesem Augenblick.

Nur eine Gardinenstange fehlt noch, dann ist auch dieses Projekt abgeschlossen. Wie lange schieben wir das jetzt schon vor uns her und vor allem, wie geht es dann weiter? Was mache ich danach? Habe ich überhaupt noch etwas zu tun? Wenn nicht, hat mein Leben ja auch keinen Sinn mehr, oder?

Fühle, wie ich innerlich verkrampfe und nach Luft ringe. ER beruhigt mich jedoch:

Lächerlich! Es gibt noch zahlreiche Projekte und selbst wenn diese erledigt sind, wird es schon eine Aufgabe geben.

Falle nach dem Essen in einen tiefen, sehr tiefen Mittagsschlaf. Träume irgendein wirres Zeug.

Nach ungefähr zwei Stunden kommt es mir vor, als würde ich im Traum aufwachen.

Träume ich oder wache ich tatsächlich auf? ...

Alles ist noch so schwer. Meine Hände, der Kopf und vor allem meine Augenlider ...

Glaube, das Schlafzimmer zu sehen, in dem ich liege.

Hebe meinen Kopf, kann ihn jedoch nicht lange oben halten. Immer wieder fallen mir meine Augenlider zu. Versuche dagegen anzukämpfen. Vergebens.

War ich gerade schon einmal wach oder habe ich das nur geträumt?

Langsam, gaaanz langsam wache ich erneut auf. Bin nach wie vor sehr müde und auch ein wenig verwirrt.

Quäle mich dennoch hoch, stehe auf und wandele ins Bad.

Klatsche mir mehrere Male kaltes Wasser ins Gesicht, doch auch das hilft nicht. Ich werde einfach nicht wach und fühle mich erst recht nicht frisch und erholt.

Den Rest des Tages verbringe ich in diesem Dämmerzustand auf dem Sofa.

Schon ziemlich früh für einen Samstagabend falle ich müde und erschöpft ins Bett. Nehme nur noch die abendliche Psychotablette und schlafe ein.

ERKENNTNIS DES TAGES:

?

SONNTAG, 20. MÄRZ 2011

Komme kaum aus dem Knick.

Los, du musst aufstehen.

Warum? Nur, weil meine Frau auch schon aufgestanden ist oder ich bisher immer aufgestanden bin, wenn ich wach war?

Nicht denken!

Mein Körper bleibt im Bett, meinen Kopf dürstet es jedoch nach Beschäftigung.

Schreibe daher zunächst am Buch weiter, bevor sich meine äußere Hülle dann doch aus dem Bett erhebt und die Treppe hinunter in die Küche geht.

Ich gehe an meiner Frau vorbei, die auf dem Sofa sitzt. Sehe an ihrem Gesichtsausdruck und ihrem Blick, dass etwas nicht stimmt, sie offensichtlich verärgert ist. Sage nichts, vermute jedoch, dass sie sauer auf mich ist, da ich ausnahmsweise nicht mit ihr gefrühstückt habe.

Egal, da müssen wir jetzt beide durch. Habe schließlich nur auf meinen Körper gehört, mehr nicht. Wenn ihr das nicht passt, ihr Problem.

Montiere am Vormittag die letzte noch fehlende Gardinenstange im Wohnzimmer. Fühle anschließend etwas bisher Unbekanntes. Den Genuss, diese Sache abgeschlossen zu haben.

So richtig genießen kann ich es jedoch nicht, da ER etwas anderes mit mir vorhat.

Ich stehe plötzlich auf, gehe in den Garten und baue eine Wäschespinne auf, die bereits seit zwei Monaten im Keller liegt. Weiß nicht, wie oft meine Frau mich schon gebeten hat, das zu erledigen. Jetzt ist es vollbracht.

Kein Grund mehr, mich damit zu stressen!

Mittagspause.

Schreibe am Buch.

Werde irgendwann unruhig und zappelig. Konzentriere mich auf meinen Bauch, falle wieder einmal in die Rolle des Beobachters und lasse dem Puppenspieler freien Lauf.

Er lässt mich zum Schrank gehen, meine Fahrradkleidung anziehen und anschließend das Fahrrad aus der Garage holen.

Will gerade losfahren, als im Haus das Telefon klingelt. Laufe rein. Bin jedoch zu langsam. Das Klingeln verstummt, als ich das Gespräch annehmen will. Rufe nicht zurück, da ich die anrufende Telefonnummer nicht kenne. Stattdessen fällt mein Blick auf mein Handy, das neben dem Telefon liegt.

Kann das Zufall sein?

Glaube nicht an einen Zufall. Sollte wohl noch einmal reinlaufen und das Handy entdecken.

Stecke es mir in die Jackentasche. Hoffe jedoch, dass ich es unterwegs nicht brauchen werde.

Fahre aufmerksamer und vorsichtiger als sonst, geprägt davon, das Handy gefunden und eingesteckt zu haben.

Wer weiß, wozu das gut ist.

Sitze nach dem Duschen auf dem Sofa. Fühle mich gut. Mein Kopf schweigt. Mein Körper hat die Kontrolle. Durchwühle die kleine Schublade unseres Wohnzimmertischchens, ohne zu wissen, wonach ich eigentlich suche. Meine Hände machen erst Halt, als ich einen alten Flyer des örtlichen Yoga-Anbieters finde. Keine Ahnung, wie lange das Stück Papier jetzt schon in der Schublade lag. Ziemlich lange.

Frage mich, warum ich es bisher nicht weggeschmissen habe. Zufall?

Stehe auf und verstaue den Flyer in meiner Arbeitstasche.

Warum? Auch das weiß ich nicht.

ERKENNTNIS DES TAGES:

–

MONTAG, 21. MÄRZ 2011

Habe heute einen Termin in der Firmenzentrale in München. Reise mit dem Zug dorthin, wie schon viele Male zuvor.

Stehe auf dem Bahnsteig. Merke, dass in mir etwas Unangenehmes vorgeht.

Muss an vergleichbare Situationen der letzten Monate denken, wie ich angsterfüllt auf dem Bahnsteig stand und mich mein Kopf aufforderte, einfach vor einen der einfahrenden Züge zu springen.

Diese damaligen Gedanken machen mir auch heute noch Angst und lassen meine Knie weicher werden. Konzentriere mich auch in dieser Situation auf meine Atmung und das Gefühl in meinem Bauch. Werde ruhiger, spüre aber dennoch eine gewisse Verunsicherung.

Als ich entfernt den einfahrenden Zug sehe, wandere ich mit meiner Aufmerksamkeit in meine Füße.

Sie stehen fest auf dem Boden. Tendieren nicht annähernd in Richtung der Gleise. Ich werde nicht vor den Zug springen.

Bin erleichtert, da ich mich anscheinend auch hier, auf dem Bahnsteig, auf den Puppenspieler verlassen und ihm vertrauen kann. ☺ Eine wichtige Erkenntnis, da ich oft beruflich mit dem Zug unterwegs bin, mir jedoch fortan keine Gedanken mehr zu machen brauche, mir auf dem Bahnsteig etwas antun zu können. Alles ist gut.

In München halte ich einen mehrstündigen Vortrag über die aktuellen Produktionsergebnisse im mir unterstellten Zweigwerk.

Spüre auf der Rückfahrt im Zug, dass es sehr anstrengend war, ich geschafft bin und mein Kopf klar die Regentschaft in mir zurückerobert hat.

Ich bin ein wenig enttäuscht, da ich das Gefühl habe, dass mich der Termin in München überfordert, in meinem Aufwärtstrend zurückgeworfen hat und ich nicht (rechtzeitig) auf meinen Körper gehört habe bzw. durch meine beruflichen Pflichten nicht rechtzeitig auf ihn hören konnte. Dieser Termin hat Kraft gekostet. Ich stelle mir erstmals die Frage, ob meine berufliche Tätigkeit noch mit meinem neuen Weg vereinbar ist.

Des Weiteren zweifle ich im Verlauf dieses Tages daran, ob ich am Buch weiterschreiben soll.

Was soll ich schreiben? Wiederholt sich ständig alles? Interessiert das überhaupt jemanden außer mir?

Zurück zu Hause:

ER lässt mich den Yoga-Flyer aus meiner Arbeitstasche holen, aufs Sofa setzen und die auf dem Flyer angegebene Telefonnummer wählen. Ich bin abermals verblüfft darüber, was ich hier tue.

Es tutet schier endlos lange, bevor ich eine weibliche Stimme am anderen Ende der Leitung höre. Ich rede mit ihr. Sage, Yoga mal ausprobieren zu wollen.

Werde gefragt, was ich damit erreichen möchte.

Gute Frage. Habe mir bisher noch keine Gedanken darüber gemacht.

Muss ich auch gar nicht, denn die Worte kommen wieder einmal von alleine aus meinem Mund. Antworte ihr, dass ich bisher sehr kopfgesteuert durch mein Leben gestolpert bin, nun einen Weg suche, mehr auf meinen Bauch zu hören, und hoffe, das mit Yoga hinzubekommen.

Glaube, durch den Telefonhörer zu spüren, wie ich durch meine Worte ein Lächeln auf das Gesicht meiner Gesprächspartnerin gezaubert habe. Freundlich und offenherzig werde ich für nächste Woche Dienstag eingeladen.

Am Abend sitze ich vor dem Fernseher. Es geht mir nicht sonderlich gut. Bin ratlos, was ich tun kann, um das zu ändern. Mein Bauch schweigt. Meine Frau nicht.

Sie fragt mich, ob ich meine Entspannungsübungen in der letzten Zeit gemacht hätte.

„Nein“, lautet meine etwas genervte Antwort.

Hole die Übungen umgehend nach, obwohl mir mein Kopf einreden möchte, dass er keinen Sinn darin sieht. Der Puppenspieler offensichtlich schon.

Anschließend geht es mir besser, aber noch nicht gut. Bin immer noch verunsichert. Weiß nicht, wie ich diesen Rückschritt heute zu deuten habe und wie ich damit umgehen soll.

Nicht denken.

Leichter gesagt als getan.

Schaue weiter fern. Lese im Hintergrund des laufenden Films ein Plakat mit der Aufschrift „Zukunft und Visionen“.

Zufall?

Ich bin jedenfalls fasziniert und fühle mich zugleich animiert, nicht aufzugeben. Weiter meine Idee zu verfolgen, ein Buch zu schreiben.

BITTERE ERKENNTNIS DES TAGES:

Es geht nicht nur bergauf, sondern es gibt auch Rückschläge.

DIENSTAG, 22. MÄRZ 2011

Stehe morgens am Waschbecken und schaue in den Spiegel. Ich habe das Gefühl, dass nach wie vor mein Kopf das Sagen hat, ich die Anstrengung des gestrigen Tages noch nicht abgeschüttelt bzw. weggeschlafen habe. Fühle mich daher nicht so gut, insbesondere weil ich weiß, dass heute ein weiterer anstrengender Auswärtstermin auf der Arbeit bevorsteht.

Werde ich den Tag heute überstehen?

Bleib ruhig! Vertrau mir, dann wird alles gut.

Fahre heute mit einem Kollegen zu einer Besprechung. Es gibt Klärungsbedarf mit einem unserer Zulieferbetriebe in Bamberg.

Nehmen für den einstündigen Weg das Auto statt den Zug.

Habe eigentlich keine Lust, mit dem Auto zu fahren, versuche mich dennoch dafür zu motivieren.

Einer von uns beiden muss ja fahren. Bin wahrscheinlich heute Morgen noch frischer als heute Nachmittag.

Besser ich fahre auf dem Hin- als auf dem Rückweg.

In Bamberg angekommen, ist meine Frische verflogen. Die notwendige Konzentration des Autofahrens hat schon deutlich Energie gekostet, vor allem aber dazu geführt, dass mein ohnehin dominanter Kopf noch mehr in den Vordergrund getreten ist.

Kann nicht verhindern, dass meine Gedanken mich dazu treiben, die anstrengende und aufwendige Protokollführung für unsere Sitzung zu übernehmen. Verstehe mein Handeln nicht.

Fühle die Anstrengung des Vormittags, als wir in die Mittagspause gehen. König Kopf regiert, duldet keinen Nebenmann.

Gut, dass ich mir dessen inzwischen bewusst bin.

Gehe in der Pause nicht in die laute Kantine, sondern eine Runde an der frischen Luft spazieren, um etwas abzuschalten und meine Gedanken zu sortieren. Auch das habe ich in einer Mittagspause noch nie getan, weder in Bamberg noch sonst irgendwo.

Kehre in den Tagungsraum zurück. Stelle fest, dass die Raumluft verbraucht ist. Komme mir wie in einem stickigen Käfig vor. Werde müde.

Mache die Augen auf der Rückfahrt im Auto zu, versuche zu schlafen. Komme mir aber blöd dabei vor. Mache mir zu viele Gedanken, was mein Kollege wohl von mir denken mag, wenn ich neben ihm schlafe und er fahren muss. Finde daher keine Ruhe.

Nach Feierabend zieht es mich in die Natur. Jogge eine Runde. Der Puppenspieler will es so.

Laufe langsam und gemächlich. Genieße den unvergleichbaren Frühlingsduft der ergrünenden Felder und Wiesen. Im Wald riecht es sehr intensiv nach trockenem Laub. Die von einem blauen Himmel fallenden Sonnenstrahlen kribbeln in meiner Nase. Kurzum, es ist herrlich.

Mein Kopf versucht immer wieder den Rest meines Körpers anzutreiben, zum schnelleren Laufen zu bewegen. Ohne Erfolg. Ich habe bei jedem seiner Versuche das Gefühl, als halte mich jemand am Kragen fest und verhindere auf diese Weise meine Beschleunigung. Eine faszinierende Vorstellung, gepaart mit dem äußerst intensiven Gefühl, als würde mein Körper Danke sagen, dass ich auf ihn höre.

Wow!! Es ist unglaublich schön.

Kehre ins Dorf zurück. Treffe einen langjährigen Freund, der bereits vor Jahren fortgezogen ist. Werde mit meiner Frau zu seinem 30. Geburtstag eingeladen. Sage weder zu noch ab. Werde das spontan entscheiden.

ERKENNTNIS DES TAGES:

Autofahren ist nicht mein Ding. Verbraucht zu viel Energie, die ich lieber für andere, gewinnbringendere Aktivitäten einsetzen würde. Zum Beispiel das Schreiben.

MITTWOCH, 23. MÄRZ 2011

Vom heutigen Tag gibt es nichts Nennenswertes zu berichten.

AUCH KEINE NEUEN ERKENNTNISSE.

DONNERSTAG, 24. MÄRZ 2011

Auf der Arbeit ist wenig zu tun. Langweile mich. Bin aber auch irgendwie froh, dass mir nach dem anstrengenden Wochenstart etwas Ruhe vergönnt ist. Zufall?

Am Nachmittag fahre ich zu Dr. Ferró. Es ist die erste Psychotherapiestunde nach dem Urlaub, also auch nach meiner Erkenntnis im Cuxhavener Hallenbad.

Euphorisch erzähle ich Dr. Ferró davon. Versuche ihn von meinem neuen Weg zu überzeugen und ihm zu verdeutlichen, dass ich es künftig auch ohne seine Hilfe schaffen werde, ohne das direkt zu ihm zu sagen. Nachdem ich fast zwanzig Minuten erzählt habe, schaue ich ihn an. Ich blicke in ein ungläubiges Gesicht, was mich enttäuscht. Ich kann nicht verstehen, warum er sich nicht wenigstens ein bisschen mit mir über meinen Durchbruch freut, meine Euphorie sogar zu bremsen versucht und mir zu guter Letzt auch die Psychotabletten in unveränderter Dosis weiter verordnet.

Bin ich doch auf dem falschen Weg?

Enttäuscht und etwas niedergeschlagen verlasse ich seine Praxis. Ich habe von der heutigen Sitzung etwas anderes erwartet.

Für den Rest des Abends bin ich nachdenklich. Immer wieder schaltet sich mein Kopf ein und übernimmt gegen meinen Willen das Zepter.

Wie geht es weiter?

Geht es überhaupt weiter?

Wie lange dauert die ganze Sache noch?
Ob ich das alles schaffe?
Beunruhigt gehe ich ins Bett.

ERKENNTNIS DES TAGES:

Je mehr Erwartungen ich habe, desto größer das Risiko der Enttäuschung.

FREITAG, 25. MÄRZ 2011

Ich habe schlecht geschlafen, gehe entsprechend müde aus dem Haus und falle am frühen Nachmittag noch müder ins Bett.

Kann aber nicht einschlafen. Es ist wie in der vergangenen Nacht. Ein innerer Ringkampf hält mich wach.

Wird wirklich alles gut werden? …

Was ist, wenn nicht? …

Was ist mein Ziel, für das ich hier kämpfe?

Macht es überhaupt einen Sinn zu kämpfen?

Der Weg ist das Ziel.

Ja, der Weg ist das Ziel, aber welcher Weg ist mein Weg?

Dein Weg ist der Weg, auf deinen Körper zu hören, nicht auf deinen Kopf. Den Kopf nur dann einzuschalten, wenn du es auch möchtest. Unbeschwert durch dein Leben zu gehen und nicht über jeden Mist nachdenken zu müssen. Nicht alles im Kopf zu rechtfertigen, was du tust oder lässt.

Stimmt, aber ich gehe nicht mehr in der Mitte dieses Weges, wie am Anfang. Was so leicht anfing, ist zu einem Kampf geworden. Einem Kampf, den ich bereit bin anzunehmen!

Zu meiner Verwunderung führt ER mich am Abend in die Gastwirtschaft im Dorf. Keine Ahnung, wie lange ich jetzt schon nicht mehr dort war. Ein Dreivierteljahr bestimmt. Treffe ein paar alte Freunde, die mich verwundert, aber herzlich empfangen. Wir reden über dies und das. Unter anderem auch über das örtliche Fingerhakelturnier, das am kommenden Samstag stattfinden wird. Die Jungs suchen noch den vierten Mann für ihr Team. Fragen mich, ob ich das nicht sein möchte. Fühle mich von der Frage geschmeichelt, zumal ich mich selbst nur für einen mittelmäßigen Fingerhakler halte und das Teamniveau absenken würde.

Was sage ich jetzt? …

Ich bin noch in keiner Mannschaft, aber möchte ich überhaupt zu einer gehören? …

Warum eigentlich nicht?

„Ich würde mich freuen, wenn ich bei euch mitmachen könnte", lautet meine Antwort.

Nach gut zwei Stunden verlasse ich die Gastwirtschaft und gehe zu Fuß nach Hause. Nein, ich habe nichts außer einem Glas Wasser getrunken. Es hat Spaß gemacht und mich irgendwie befreit, die Jungs nach längerer Zeit mal wieder gesehen zu haben und von ihnen so herzlich empfangen worden zu sein. Trotz allem Stolz, nun zu ihrem Team zu gehören, komme ich ins Grübeln.

Bisher war ich mir nicht mal sicher, ob ich überhaupt zum Zuschauen dorthin gegangen wäre, und jetzt bin ich sogar ein Teil einer Mannschaft …

Es wird anstrengend werden. Die laute Musik, die vielen Leute, das Geschrei, die anstrengenden Wettkämpfe.

War es doch ein Fehler zuzusagen?

Nicht denken, abwarten.

ERKENNTNIS DES TAGES:

Ich weiß endlich, wo ich langgehen möchte, jedoch nicht, wo ich hinkommen werde.

SAMSTAG, 26. MÄRZ 2011

Bin heute so richtig faul. Mein Körper lässt es nicht zu, dass ich etwas am oder rund ums Haus erledige. Liege fast den ganzen Tag auf dem Sofa und schreibe.

Bin ich wirklich faul?

Teile meiner Frau am Mittag mit, dass ich gerne heute Abend mit ihr zu der Party unseres Freundes fahren möchte. (Der 30. Geburtstag, zu dem wir am Dienstag eingeladen worden waren.)

Schaue mir am frühen Nachmittag die Fahrstrecke im Autoatlas an, da ich nicht weiß, wo sein heutiger Wohnort genau liegt, geschweige denn, wie wir dorthinkommen. Kalkuliere die Fahrtzeit auf etwa eine Stunde.

Da die Feier um 18 Uhr beginnen soll, brechen wir gegen 17 Uhr auf. Ich fahre.

Nach gut 90 Minuten sind wir immer noch nicht am Ziel. Werde innerlich unruhig, da die Fahrt erheblich anstrengender ist und der eigentlich fordernde Teil, die Feier selbst, noch vor mir liegt. Insbesondere vor der lauten Musik graut es mir.

Habe ich mir zu viel zugemutet?

Weiß es nicht. Ich habe ein mulmiges Gefühl in der Bauchgegend, als ich aus dem Auto steige.

Begegne auch am heutigen Abend einigen Leuten, die ich jetzt schon länger nicht mehr gesehen habe. Unter ihnen auch einige Jungs der Blasmusikanten.

Wir begrüßen uns zwar herzlich, ich registriere aber auf beiden Seiten eine deutliche Verunsicherung. Die Jungs wissen nicht so recht, wie sie mit mir umgehen sollen, und ich weiß nicht, wie ich mich ihnen gegenüber verhalten soll. Alles, was ihnen gegenüber bisher in mir war, scheint zu fehlen.

Ich bemühe mich, den Dingen einfach ihren Lauf zu lassen, und hole mir zunächst an der Theke ein Radler, um etwas zum Anstoßen in der Hand zu haben.

Es gelingt mir dann erstaunlich schnell, wieder Anschluss an ihre Gruppe zu bekommen, und ich werde mit zunehmender Zeit sicherer. Wohl auch deshalb, weil die Frage, vor der ich am meisten Angst habe, ausbleibt: wann ich wieder Musik machen und zu den Blasmusikanten zurückkehren werde.

Habe an diesem Abend richtig Spaß. Feiere mal wieder. Endlich. Das letzte Mal war im September 2010. Bis dahin hatte ich kaum eine Party verpasst. War gern gesehener Gast. Stand oft gewollt im Mittelpunkt und bekam die Aufmerksamkeit und Anerkennung, die mir zu Hause, insbesondere von meinem Vater, fehlte. Ich machte dabei oft versaute Sprüche oder sagte Dinge, über die gelacht wurde, aber andere verletzten. Eine Kollegin bezeichnete mich mal als Rampensau. Ich denke, das trifft es ziemlich gut.

Und heute? Ich habe keinen Drang dazu, jemanden zu belustigen, um mich in den Vordergrund zu bringen. Überlasse das anderen. Suche vor allem das Gespräch mit Leuten. Nein, nicht das oberflächliche Blabla wie bisher, um mit möglichst vielen, wenn auch nur kurz, in Kontakt zu treten, sondern eher vereinzelte, dafür tiefer gehende Gespräche. Beobachte dabei meine Gegenüber aufmerksam, vor allem deren Gestik und Mimik, die mich erkennen lassen, in welche Richtung ich das Gespräch zu lenken habe, damit es weitergeht.

Habe ich mich früher immer als den Fehlerlosen hingestellt,

gestehe ich an diesem Abend erstmals offen Fehler ein und hoffe dabei inständig, dass diese kein zweites Mal geschehen.

Ob mir das gelingen wird?

Ich bin angetrunken, als wir die Feier verlassen. Die Heimfahrt überlasse ich daher meiner Frau.

Hundemüde steige ich zu Hause aus dem Auto. Sage aber noch zu ihr, dass ich nicht um acht Uhr aufstehen werde, um Formel 1 zu schauen, was mein eigentlicher Plan war, sondern lieber die Wiederholung am Nachmittag sehen möchte.

Falle um 4 Uhr morgens ins Bett und schlafe auf der Stelle ein.

ERKENNTNIS DES TAGES:

Ich habe mich wirklich verändert.

SONNTAG, 27. MÄRZ 2011

Wache erst gegen Mittag auf. Fühle mich wie gerädert. Bin immer noch müde, komme nicht aus dem Bett.

Muss an das Formel-1-Rennen denken. Habe die Liveübertragung verschlafen und freue mich daher auf die Wiederholung am Nachmittag.

Höre Schritte auf der Treppe.

Die Tür des Schlafzimmers geht kurz darauf vorsichtig auf.

Gleißendes Licht fällt in das Zimmer, blendet mich.

Erkenne die Umrisse meiner Frau, als sich meine Augen etwas an die Helligkeit gewöhnt haben.

Werde gefragt, ob ich nicht Lust hätte, sie heute Nachmittag zum Fußballspiel ihres Cousins zu begleiten.

Überlege kurz.

Sage ihr ab. Ermutige sie jedoch, mit irgendjemandem aus ihrer Familie dorthin zu fahren.

Schweigen.

Die Tür wird geschlossen. Es ist wieder dunkel.

Lausche, was im Treppenhaus vor sich geht.

Höre deutlich jeden ihrer abwärtsführenden Schritte.

Sie ist sauer. …

Bekomme ein komisches Gefühl in der Magengegend.

Habe ich etwas falsch gemacht und wenn ja, was? Habe doch nur auf meinen Körper gehört. Nur das gesagt, was ich auch ehrlich so meine …

Sollte ich ihrem Wunsch nicht doch nachkommen und, anstatt Formel 1 im Fernsehen zu schauen, mit ihr zum Fußball fahren? …

Liege auch eine halbe Stunde später noch im Bett.

Hätte ich einfach klein beigeben sollen wie sonst auch? Sicherlich, es hätte die Situation nicht eskalieren lassen, aber wäre ich zu mir selbst ehrlich gewesen?

Ein vom Puppenspieler ausgelöstes Kopfschütteln beantwortet mir diese Frage eindeutig.

Ich kann derzeit niemanden anlügen, schon gar nicht mich selbst. Habe das schon viel zu oft getan.

Stehe auf und gehe ins Bad. Blicke in den Spiegel. Schaue meinem Gegenüber tief in die Augen.

Hatte ich nicht bereits in der Nacht zu ihr gesagt, dass ich heute Nachmittag Formel 1 schauen werde? …

Hätte sie also die Fernsehzeitung zur Hand genommen und nachgesehen, wann die Übertragung läuft, dann hätte sie doch selbst erkennen müssen, dass ich um 15 Uhr etwas anderes vorhabe, als mit ihr zum Fußball zu fahren.

Werde aus meinen Gedanken gerissen, da ich erneut ihre wütenden Schritte auf der Treppe höre. Folge ihnen gedanklich.

Sie kommt zu mir. …

Wenige Augenblicke später wird die Badezimmertür aufgerissen.

Patzig wird mir an den Kopf geworfen, dass sie es nicht mehr schaffe, sich rechtzeitig fertig zu machen, um mitgenommen zu werden, und sie keinen Bock darauf hätte, selbst zu fahren.

Ach, aber ich muss Lust dazu haben, sie die über 40 Kilometer zu chauffieren? …

Fühle mich für einen kurzen Moment in meiner Position bestärkt. Komme jedoch innerlich wieder ins Wanken, als sie ergänzt, dass sie zudem enttäuscht sei, weil sie etwas mit mir unternehmen wollte und ich nun keine Lust dazu hätte.

Weiß nicht, was ich tun soll. Flüchte aus der Situation.

Lasse sie, ohne etwas zu sagen, im Bad zurück.

Werde von meinen Füßen in den Keller getragen, wo ich überraschenderweise damit beginne, Wäsche aufzuhängen.

Der Kampf in mir geht jedoch weiter.

Harmonie? …

Konfrontation? …

Nachgeben? …

Standhaft bleiben?

Nicht denken.

Konzentriere mich wieder einmal auf meine Atmung und das Gefühl in meinem Bauch. Lasse die Wäsche stehen und liegen.

Werde vom Puppenspieler ins Wohnzimmer geführt, wo ich mir die Fernsehzeitung zur Hand nehme.

Finde eine frühere Wiederholung des Rennens. Der Haken daran: Die Übertragung läuft bereits. Den Start, also den Moment der vermeintlich größten Spannung, habe ich bereits verpasst.

Schalte schnell den Fernseher ein. Mir scheint nichts Wichtiges entgangen zu sein.

Wenig später nimmt meine Frau neben mir auf dem Sofa Platz. Sie ist immer noch stocksauer.

Sage ihr freudestrahlend, dass diese Ausstrahlung bereits um 14 Uhr zu Ende sein wird, sodass es mir möglich wäre, noch mit ihr zum Fußball zu fahren.

Ihr Gesichtsausdruck verändert sich kaum. Jedenfalls sieht Freude anders aus.

Sie ist nicht wirklich von meinem Vorschlag überzeugt.

Noch mehr Zugeständnisse werde ich nicht machen, schließlich ist mir durch die ganze Geschichte und den verpassten Start meine Vorfreude auch vergangen.

Schaue sie weiterhin fragend an. Langsam entspannt sie sich und lässt sich schließlich, wenn auch leicht widerwillig, auf meinen Kompromiss ein.

Bin beruhigter als vorher, doch insgesamt schmeckt auch mir die Sache nicht hundertprozentig.

Egal, da muss auch ich jetzt durch.

Da das Wetter auch am späten Nachmittag noch toll ist, entscheiden wir uns nach dem Fußballspiel, noch eine Runde um einen nahe gelegenen See zu spazieren.

Ihre und meine Laune sind deutlich besser als noch am Mittag. Aber wir sind beide mit dem heutigen Tag unzufrieden, da unsere individuellen Erwartungen nicht erfüllt wurden. Wir reden darüber. Lassen das nicht einfach zwischen uns stehen, wie wir es wohl früher gemacht hätten.

Glücklicherweise kommen wir beide zu der Erkenntnis, dass dieser Streit gar nicht erst entstanden wäre, wenn wir unsere Pläne eher und konkreter miteinander besprochen hätten. Beschließen, für die Zukunft daraus zu lernen.

Damit ist unser erster Streit, bei dem ich nicht einfach so nachgegeben habe, beigelegt.

Inhaltlich und emotional.

ERKENNTNIS DES TAGES:

Standhaft zu bleiben ist gar nicht so leicht.
Bedarf noch der Übung.

MONTAG, 28. MÄRZ 2011

Bin immer noch müde vom Wochenende, komme aber ganz gut durch den Tag.

Meine rechte Schulter bereitet mir am Nachmittag plötzlich und ohne Vorwarnung Schwierigkeiten. Habe starke Schmerzen bei Zugbewegungen, zum Beispiel beim Öffnen einer Tür.

Hoffe, dass es nichts Schlimmeres ist.

Am Abend werde ich schon früh vor dem Fernseher müde. Mich fröstelt es. Irgendetwas stimmt nicht mit mir.

Ich beschließe, ins Bett zu gehen, befürchte jedoch, dass es eine sehr unruhige Nacht wird.

Als ich im Bett liege, merke ich, wie ich glühe. Ich glaube, ich habe Fieber.

ERKENNTNIS DES TAGES:

–

DIENSTAG, 29. MÄRZ 2011

Die Nacht war nicht gut. Konnte, wie erwartet, nicht lange auf der schmerzenden Schulter liegen. Bin unausgeschlafen.

Auch das Anziehen ist am heutigen Morgen mit starken Schmerzen verbunden. Spiele kurz mit dem Gedanken, zu Hause zu bleiben, doch der Puppenspieler hat etwas dagegen. Lässt mich zur Arbeit fahren.

Am Nachmittag:

Es hilft nichts, die Schmerzen sind einfach zu groß.

Ich fahre daher zum Arzt. Befund: eingeklemmter Nerv. Bekomme Tabletten zur Muskelentspannung und gegen die Schmerzen verschrieben.

Sitze am frühen Abend auf dem Sofa, als mir zu meinem Entsetzen die heutige Versammlung wieder einfällt, deren Einladung ich nach der Rückkehr aus dem Urlaub im Poststapel gefunden habe.

Bereits in zwei Stunden soll es losgehen …

Gehe ich wirklich dorthin? …

Trage ich tatsächlich meine Idee von der Homepage vor? … Es wäre ganz schön verrückt.

Werde nervös.

Nicht denken.

Versuche, mich durchs Fernsehen ablenken zu lassen, was einigermaßen gelingt.

Hadere gut anderthalb Stunden später abermals.

Soll ich gehen? …

Soll ich nicht? …

Was ist mit der Schulter? …

Atme tief durch. Warte ab, was der Puppenspieler mit mir vorhat.

Gerade noch rechtzeitig erhebe ich mich vom Sofa, ziehe mich um und werde von meinen Füßen in das Besprechungsbüro des Bürgermeisters getragen, wo ich pünktlich zu der Versammlung erscheine und später an entsprechender Stelle der Tagesordnung meine Vision der Dorfhomepage vortrage.

Nach kurzer Diskussion ist klar: Meiner Idee wird durch die Anwesenden zugestimmt.

Ich bin stolz und kann nicht anders, als mich für die notwendigen Arbeiten zur Verfügung zu stellen.

Ein Fehler?

Weiß es nicht genau. Zweifle aber vor dem Einschlafen, ob ich mir nicht mit der Homepage zu viel aufgebürdet habe.

Setz dich nicht unter Druck. Du selbst entscheidest, wann du was machst bzw. wann du was nicht machst. Du bist für dich verantwortlich. Nur du!

ERKENNTNIS DES TAGES:

Ich allein habe es in der Hand, was ich tue und was nicht. Ich muss mich allerdings öfter trauen, „Nein“ zu sagen.

MITTWOCH, 30. MÄRZ 2011

Stehe nach dem Tablettencocktail des gestrigen Abends – eine Schmerztablette, die Tablette zur Muskelentspannung und die Psychotablette – ein wenig neben mir. Fühle mich schlapp, wie im Rausch. Mein Kopf signalisiert mir daher, dass er keine gesteigerte Lust verspürt, gleich wieder zwei Tabletten gegen die Schmerzen einzuwerfen, doch mein Körper scheint nichts dagegen zu haben. Runter mit den beiden Pillen.

Verlasse kurz darauf das Haus und setze mich ins Auto. Bin unsicher, ob ich überhaupt mit der Schulter fahren kann. Teste das auf den ersten Metern durch eigentlich unnötige Lenkbewegungen. Kein Problem.

Stehe auf der Arbeit ebenfalls irgendwie neben mir. Mir ist schwindelig. Von den zusätzlichen Tabletten?

Dass es sehr wichtig ist, auch einmal „Nein" zu sagen, war meine Erkenntnis des gestrigen Tages. Fertige mir heute im Büro einen kleinen Zettel, auf den ich dieses schlichte Wort schreibe – **Nein.** Ich klebe ihn mir an eine für Gesprächspartner unauffällige, für mich jedoch gut sichtbare Stelle meines Monitors. Die Idee: Immer wenn der Puppenspieler in einer Gesprächssituation meinen Blick auf den Zettel lenkt, ist es wohl an der Zeit, „Nein" zu sagen.

Ob es funktioniert? Ich werde es sehen.

Werde nach der Mittagspause von einer Kollegin auf meinen Zustand angesprochen, gefragt, ob es mir nicht gut gehe. Ihr sei schon seit einigen Wochen aufgefallen, dass ich anders drauf sei, als sie es bisher von mir kannte.

Überlege kurz, ob ich ihr etwas vorgaukeln oder die Wahrheit sagen soll.

Entscheide mich für die Wahrheit. Antworte ihr, dass es mir in den letzten Wochen und Monaten ziemlich mies gegangen sei, ich mich derzeit jedoch auf dem Weg der Besserung befände. Wenn, ja wenn die Schulter nicht sei.

Meine Antwort scheint authentisch gewesen zu sein, denn sie sieht von weiteren Nachfragen ab. Bin froh und glücklich, dass ich mich für den ehrlichen Weg entschieden, auf vermeintlich zu demonstrierende Stärke verzichtet und Schwäche gezeigt habe. Hätte ich das auf meinem alten Weg auch getan? Nein.

... *Beweist Ehrlichkeit nicht viel mehr Stärke als eine Lüge?*

War ich daher wirklich schwach, als ich vorhin zugegeben habe, dass es mir nicht so gut geht? Nein!

ERKENNTNIS DES TAGES:

Es geht mir gut dabei, wenn ich zu mir und anderen ehrlich bin.

DONNERSTAG, 31. MÄRZ 2011

Die Nacht war erneut sehr unruhig. Immer wieder musste ich mich drehen, da der Schmerz in der Schulter irgendwann unerträglich wurde.

Soll ich heute zur Arbeit fahren?

Auf gar keinen Fall!

Folge IHM und melde mich auf der Arbeit krank.

Ich habe es selbst in der Hand, was ich tue, damit es mir gut geht. …

Verbringe den ganzen Tag auf dem Sofa. Schlafe immer wieder ein und versuche, die Schulter dabei, so gut es geht, zu entlasten. Mehr lässt der Puppenspieler heute nicht zu.

Irgendwann kommt mir das Fingerhakelturnier des bevorstehenden Wochenendes in den Sinn. Entgegen meiner bisherigen Gepflogenheiten, es möglichst anderen und nicht mir selbst recht zu machen, gestehe ich mir heute ein, dass es mit der Schulter absolut keinen Sinn macht, auch nur im Entferntesten ans Fingerhakeln zu denken. Ich halte es daher für richtig, meinem Team schon jetzt abzusagen, damit sie die Chance haben, einen Ersatz für mich zu finden.

Schade, aber es soll halt nicht sein und wer weiß, wofür es gut ist.

Neben den Schmerzen in der Schulter fällt es mir heute auch schwer, meine Gedanken im Zaum zu halten. Hier nur eine kleine Kostprobe:

Jetzt bist du krank, mal sehen wie lange. Bestimmt fällst du länger aus und dann wird ein ordentlicher Berg Arbeit auf dich warten.

Ob ich das schaffen werde? …

Was soll ich den ganzen Tag zu Hause machen? Nicht, dass ich doch noch zur Schublade gehe und mir …

Bleib ruhig. Alles wird gut. Hör auf deinen Körper, nicht auf deinen Kopf!

ERKENNTNIS DES TAGES:

Krank und alleine zu Hause zu sein, ist eine neue Erfahrung auf meinem jetzigen Weg. Keine schöne, aber es gehört halt dazu.

FREITAG, 1. APRIL 2011

Habe nach den letzten Nächten mal wieder ziemlich gut geschlafen, was mich gleich nach dem Aufwachen zu der Erkenntnis kommen lässt, dass meine Schulter besser geworden ist. Nehme trotzdem keinerlei Zeichen meines Körpers wahr, zur Arbeit aufzubrechen. Im Gegenteil.

Fühle mich immer noch müde und schlapp.

Bin erleichtert, noch im Bett bleiben und von dort meiner Frau zuhören zu können, wie sie sich nebenan im Bad für ihren Arbeitstag zurechtmacht.

Freue mich darauf, in Kürze alleine zu Hause sein und das tun und lassen zu können, was meinem Bedürfnis entspricht: mich auszuruhen.

Doch da habe ich die Rechnung ohne sie gemacht.

Kurz bevor sie aufbricht, schaut sie noch einmal bei mir ins Zimmer, gibt mir einen Kuss und erteilt mir die Aufträge, die Küche aufzuräumen und für heute das Mittagessen zu kochen.

Fühle mich überrumpelt, weiß nicht, was ich sagen soll. Komme auch gar nicht mehr dazu, irgendetwas zu erwidern, denn flugs ist sie wieder verschwunden.

Höre noch ihre Schritte auf der Treppe, wie sie die Haustür hinter sich zuzieht und mit dem Auto vom Hof rollt.

Ich bin allein.

Schlafe noch einmal ein.

Als ich aufwache, fällt einer meiner ersten Blicke auf die Uhr: 11:23.

Es wird Zeit, dass ich mit meinen Arbeiten anfange, sonst schaffe ich das nicht, bevor sie zurückkommt ...

Ich quäle mich aus dem Bett, ziehe mich an und gehe lustlos in die Küche. Spüre anhand der Schlange um Kopf und Hals meinen inneren Widerstand gegen die bevorstehenden Tätigkeiten. Mein Körper lechzt nach Ruhe, mein Kopf leider nicht.

Ich weiß nicht, was ich tun soll. Will nicht den Fehler machen und wieder in alte, kopfgesteuerte Verhaltensmuster zurückfallen.

Soll ich ihre Aufträge einfach ignorieren?

Wenn du ehrlich zu dir und deinen Bedürfnissen sein möchtest, ja.

Traue mich nicht, mich deswegen mit ihr anzulegen, und beginne mit den Aufräumarbeiten.

Werde mit zunehmender Dauer immer grummeliger. Steigere mich richtig in meine schlechte Laune hinein. Bin zu guter Letzt sauer auf sie, dass sie mich derart unter Druck gesetzt hat, und auf mich, dass ich nicht stark genug bin, mich ihren Worten zu widersetzen.

Gut, dass ich noch ein paar Minuten auf dem Sofa verbringen, mich ausruhen und wieder beruhigen kann, bevor meine Frau zur Haustür hereinkommt und wir gemeinsam mittagessen, als sei nichts geschehen.

Da mir die Schulter das Gefühl gibt, als ginge es bergauf, zieht es mich am späten Nachmittag doch noch in die Gastwirtschaft, wo schon fleißig für den morgigen Wettkampftag geübt wird. Auch ich lasse mich von der Stimmung verführen, meine Fingerhakelkräfte auszuprobieren. Muss jedoch schnell einsehen, dass ich mit meiner Linken wenig ausrichten kann, von der Rechten ganz zu schweigen.

Na ja, was soll's. Jetzt weiß ich wenigstens, dass meine Entscheidung abzusagen goldrichtig war.

ERKENNTNIS DES TAGES:

–

SAMSTAG, 2. APRIL 2011

Ein herrlicher Frühlingstag. Strahlender Sonnenschein. Mitte zwanzig Grad bereits am Morgen.

Wir frühstücken auf der Terrasse. Alles ist gut. Mein innerer Ringkampf von gestern: vergessen und vorbei.

Die Schulter? Spüre ich kaum noch.

Kurzum, ich fühle mich gut und bin voller Tatendrang.

Meine Idee: heute auf unserem zugewucherten, ca. 200 Quadratmeter großen „Acker" hinter dem Haus, woraus perspektivisch unser Garten werden soll, Unkraut zu jäten und anschließend Rasen zu säen.

Gleich nach dem Frühstück beginne ich mit den Arbeiten. Ich lasse mich dazu auf die Knie nieder und hole mit einer kleinen Schaufel teils tief verwurzelte Disteln, Löwenzahn und andere, mir namentlich nicht geläufige Pflanzen aus dem Boden.

Quadratmeter für Quadratmeter befreie ich so von den unliebsamen Gewächsen. Versuche dabei jedoch auch, meinen mich antreibenden Kopf zu ignorieren und die mich führende, entschleunigende Hand des Puppenspielers nicht entgleiten zu lassen. Nicht leicht, da mein Kopf permanent versucht, die Oberhand zu erobern, um mich anzutreiben, möglichst schnell zu arbeiten und viel zu schaffen. Augenscheinlich gefällt es ihm nicht, dass nicht er, sondern der Puppenspieler meine Aktionen steuert. Ein Kampf, der sich jedoch zu kämpfen lohnt, denn immer wieder lege ich dadurch rechtzeitig Pausen ein, um mich auszuruhen, zu entspannen, etwas zu trinken, meine Knie aus ihrer ziemlich unbequemen, teils schmerzenden Position zu befreien, meiner Schulter ein wenig Ruhe zu gönnen und um es insgesamt nicht zu übertreiben, mich gar zu überfordern.

Von Zeit zu Zeit sage ich mir, dass Rom auch nicht an einem Tag erbaut wurde, was mir den Druck nimmt, heute mit den Arbeiten fertig zu werden.

Durchgeschwitzt, aber mit einem breiten Grinsen der Zufriedenheit im Gesicht lege ich am späten Vormittag auf Wunsch des Puppenspielers die Schaufel aus der Hand. Anscheinend ist die Arbeit für heute getan.

Aus der vormals relativ grünen Fläche ist wieder ein braunes Areal geworden.

Habe ich auf diese Art und Weise gar mehr geschafft, als ...?

Egal, was bringt mir der Vergleich? Es ist halt, wie es ist, und wie es ist, ist es gut!

Ich bin stolz auf mich. Stolz, meinem Kopf, so gut es ging, ausgewichen zu sein, etwas von der langen Agenda rund um Haus und Garten erledigt und dabei auf meinen Körper Rücksicht genommen zu haben.

Es ist mir daher gleichgültig, dass ich offensichtlich keine Kraft mehr dafür aufbringe, auch noch die Rasensaat auszubringen und einzuwalzen, sondern versuche, bewusst zufrieden mit dem zu sein, was ich geschafft habe – auch wenn mir meine Gedanken ein schlechtes Gewissen einreden wollen, indem sie mir vor Augen führen, was ich alles nicht geschafft habe und was folglich noch zu tun ist.

Nicht denken!

Nach dem Mittagessen und dem sich anschließenden kurzen Nickerchen tragen mich meine Füße in die Gastwirtschaft zum Fingerhakel-Spektakel, wie es offiziell heißt.

Was für ein Lärm und was für ein Geschrei ... Unglaublich ... Ich halte das hier nicht lange aus. Gut, dass ich meine Teilnahme wegen der Schulter absagen musste. Zufall?

Abends fahre ich mit meiner Frau zu einem Konzert einer lokalen Rockband, in der ein Freund von uns spielt.

Es ist eigentlich nur eins: laut. Zumindest empfinde ich das so. Wie gut, dass ich mir Ohrenstöpsel eingesteckt habe, aber zu dumm, dass mein Stolz es ziemlich lange verhindert, mir die Dinger auch ins Ohr zu stecken.

Mir dröhnt der Schädel, als ich ins Bett gehe. Auch der Schwindel ist zurück.

ERKENNTNISSE DES TAGES:

Alles braucht halt seine Zeit, und ich habe Zeit.
Lärm tut mir nicht gut.

SONNTAG, 3. APRIL 2011

Die Nacht war nicht gut und ich fühle mich nicht besonders.

Puppenspieler? Wo bist du?

Nach dem Frühstück erledige ich etwas von dem in der Woche angefallenen privaten Papierkram und gebe somit meinem inneren Drang oder zumindest dem Wunsch nach, diese Dinge künftig nicht mehr so lange wie bisher vor mir herzuschieben, sondern möglichst kurzfristig zu erledigen und sie somit schnell aus dem Kopf zu bekommen, um dort Platz für die wirklich wichtigen Dinge zu haben. Zum Beispiel den Gedanken rund um dieses Buch.

Neben etlichen anderen Schriftstücken fällt mir auch eine Rechnung von Dr. Ferró in die Hände. Als ich mich eingehender mit deren Inhalten beschäftige, werden mein Atem und mein Herzschlag ungewohnt und irgendwie auch unangenehm schwer. Nein, sehr schwer, denn die Rechnung suggeriert mir, dass ich nach wie vor krank bin. Ein bedrückendes Gefühl.

Unglaublich, was so ein Stück Papier in mir auslösen kann. So etwas kannte ich bisher auch nicht.

Fange an zu grübeln. Lasse meinen Gedanken dabei eine zu lange Leine und bin schließlich kurz davor, mich wieder ins Gedankengefängnis zu begeben.

Suche nach dem Puppenspieler. Finde ihn, aber er scheint zu schlafen. Flehe ihn an, meine Fäden wieder in die Hand zu nehmen und mich auf meinen sicheren Weg zurückzuführen. Wie?

Indem ich mich wieder einmal auf meine Atmung und diesen einen Punkt unterhalb meines Bauchnabels konzentriere, um meine Gedanken nach und nach zu verlieren. Es dauert jedoch ungewohnt lange, bis ER meine Fäden wieder in den Händen hält, aber entscheidend ist nur, dass es passiert.

Erleichtert überlasse ich IHM die Führung und bin einerseits überrascht, dass es mir gelungen ist, mich selbst aus dem Minitief zu befreien. Andererseits hat es mir gezeigt, dass mein neuer Weg so sicher ist wie kein anderer zuvor. Mein neuer Weg ist mein Weg!

Im Sonntagabendfilm fällt der folgende Satz:

„Am Ende wird alles gut. Und wenn es noch nicht gut ist, ist es noch nicht das Ende."

Bin total geflasht, diesen Satz am heutigen Tag zu hören.

Zufall? …

ERKENNTNIS DES TAGES:

Es ist bei mir noch nicht das Ende.

MONTAG, 4. APRIL 2011

Heute Morgen muss alles etwas schneller gehen. Bin etwas spät dran, möchte aber pünktlich auf dem Bahnsteig stehen. Also, keine Zeit, nach meinem kleinen Tiefpunkt gestern im Bad über unnützes Zeug nachzudenken und mich selbst damit nach unten zu ziehen.

Als ich nach der Arbeit im Auto unterwegs bin, ärgere ich mich darüber, keinen höheren Kredit für das Haus aufgenommen zu haben. War mein Spardrang doch zu groß? Die Konsequenz ist jetzt, dass es bei den verbleibenden kleineren und größeren Arbeiten nur sehr schleppend vorangeht. Eben nur dann, wenn wieder etwas Geld zur Verfügung steht.

Wirklich ein Fehler? ... Sollte nicht auch das einfach so sein, wie es heute ist?

Wahrscheinlich hat es das Schicksal auch hier wieder gut mit mir gemeint, damit ich mir jetzt und in Zukunft nicht wieder zu viel zumute, mir zu viel Stress mache und zu viele Projekte gleichzeitig anfange, aber nicht zu Ende bringe.

Ich liege an diesem Abend noch lange wach im Bett, denke über das nach, was mir in den letzten Wochen alles widerfahren ist.

Warum sind die Dinge so geschehen, wie sie geschehen sind? ...

Wer oder was ist ER?

Warum ich? ...

Zufall?

Gibt es überhaupt Zufälle? …

Ist es nicht Schicksal? …

Wer ist für unser Schicksal verantwortlich?

Was ist mit dieser Energie? In mir und um mich herum …

Gibt es sie wirklich?

Kein Zweifel.

…

Warum hatte ich gestern dieses kleine Tief bzw. bin ich aus dem Gleichgewicht geraten?

Ich weiß es nicht, was mich beunruhigt.

ERKENNTNIS DES TAGES:

Noch viele offene Fragen.

DIENSTAG, 5. APRIL 2011

Meine Schulter scheint wieder in Ordnung zu sein. Beim Zähneputzen und Anziehen spüre ich jedenfalls keine Schmerzen mehr, weshalb ich auch die Tabletten weglasse.

Der Morgen auf der Arbeit ist sehr stressig. Obwohl ich nur drei Tage nicht im Büro gewesen bin (zwei Tage krank und gestern unterwegs), sind viele Dinge liegen geblieben.

Mehr als in meiner Urlaubswoche.

Mein E-Mail-Postfach quillt über. Nein, nicht nur mit irgendeinem Mist, sondern mit vielen vermeintlich wichtigen Dingen. Ich spüre den Druck, den diese E-Mails in mir auslösen, und versuche, ihm irgendwie standzuhalten, was mir alles abverlangt, was ich bisher auf meinem neuen Weg gelernt habe.

Gut, dass das jetzt so ist und nicht bereits nach dem Urlaub. Zufall?

Meine Mittagspause verbringe ich im Ruheraum und versuche, etwas Schlaf zu finden. Diverse wirre Gedanken kreisen durch meinen Kopf, verhindern, dass ich einschlafe. Von meinem Bauchgefühl ist weit und breit nichts zu spüren.

Ich schaffe das alles nicht. Es ist alles so erdrückend viel. Wie soll ich das künftig schaffen?

Versuche diese Gedanken aus meinem Kopf in meinen Bauch zu verbannen und meine Atmung zu kontrollieren, doch es fällt mir heute so schwer wie zu keinem anderen Zeitpunkt nach dem Urlaub.

Was ist los?

Keine Antwort.

Schweren Schrittes gehe ich zurück in mein Büro, setze mich an den Schreibtisch und will gerade mein E-Mail-Programm öffnen, als mein Blick auf den kleinen handgeschriebenen Zettel fällt, den ich vor ein paar Tagen auf meinen Schreibtisch geklebt hatte: **Nein.**

Nein?! …

Soll ich es wirklich lassen, obwohl noch so viel zu tun ist? …

Du bist für dich und dein Wohlergehen verantwortlich.

Ich habe es in der Hand. Stark sein!

Hastig schalte ich den Monitor aus, was zu meiner Überraschung eine gewisse Befreiung und Dankbarkeit in mir auslöst, die mir suggeriert, die einzig richtige Entscheidung getroffen zu haben.

Durch dieses Gefühl bestärkt, verbringe ich einen weiteren Nachmittag vor meinem schwarzen Bildschirm und versuche mich zu entspannen.

ER ist wieder da.

Als ich später zu meinem Auto gehe, lässt mich der Puppenspieler plötzlich mein Handy aus der Hosentasche holen und eine SMS an meine Frau senden: *Gehe noch zum Sport. Komme daher später nach Hause.*

Nein, nichts Außergewöhnliches. Dass ich dabei jedoch neben mir hergehe und mich beobachte, wie ich die SMS schreibe, meine Sporttasche aus dem Auto hole und zum Fitnessstudio laufe, schon. Ich bin verwirrt, unternehme jedoch nichts, etwas an diesem Zustand zu verändern. Alles passiert einfach so, ohne mein Zutun, ohne meine Steuerung. Es ist einfach … Ich weiß nicht, mit welchem Wort ich das beschreiben soll … Übernatürlich? Surreal? Verrückt?

Ich begleite meine Hülle wie in einer Art Trance in die Umkleidekabine und schaue ihr wenig später bei den Übungen zu. Erst nach gut einer halben Stunde vereint sich das Beobachter-Ich wieder mit dem physischen Ich und mein wundersames Doppeldasein endet.

Habe ich das gerade nur geträumt oder ist es wirklich passiert?

Jedenfalls komme ich mir wie ausgewechselt vor. Ruhig, entspannt und fernab jeder Gedanken. Hätte mir vor fünf Wochen jemand erzählt, dass so etwas möglich ist, hätte ich ihn für völlig durchgeknallt erklärt. Jetzt frage ich mich, ob mir dieses Erlebnis jemals abgenommen wird.

Egal. Ich weiß, dass es so war, wie es war.

ERKENNTNIS DES TAGES:

Die Ereignisse der letzten Wochen, das, was hier mit mir geschieht, wird eine tiefere Bedeutung haben, nach der ich jedoch nicht suchen werde, sondern mich finden lasse. Der Weg ist das Ziel.

MITTWOCH, 6. APRIL 2011

Bin gestern entspannt und mit einem guten Gefühl ins Bett gegangen. Auch heute Morgen hat sich daran nichts geändert. Noch immer bin ich tief von dem beeindruckt, was mir gestern Nachmittag widerfahren ist, und es kommt mir vor, als habe sich mir das Tor zu einer anderen Welt geöffnet; zumindest aber meine Sichtweise von dem, was möglich ist und was nicht, wurde in Gänze verändert. Vieles aus meinem alten Leben kommt mir heute noch bedeutungsloser vor als gestern. So als habe ich eine neue Stufe des Seins erreicht, und dies ist erst der Anfang.

Was da wohl noch alles kommt?

Auch auf der Arbeit ist heute alles anders. Die mir gestern noch so wichtig erschienenen Aufgaben und Aufträge kommen mir heute unbedeutend vor. Der Druck? Weg.

Zum ersten Mal, seit ich hier im Unternehmen angefangen habe, zweifle ich an der Sinnhaftigkeit meiner jetzigen Aufgabe. Auch sie ist über Nacht irgendwie bedeutungslos geworden.

Was mache ich hier überhaupt? Wem nützt das, was ich hier tue? Wartet da draußen nicht etwas anderes auf mich?

Erstmals bin ich innerlich dazu bereit, auch diesen Teil meines früheren Lebens hinter mir zu lassen und mir auf meinem neuen Weg eine andere, tiefgründigere Tätigkeit zu suchen. Aber es fehlen mir derzeit schlichtweg der Mut und die notwendigen finanziellen Ressourcen, mich mir nichts, dir nichts in solch ein Abenteuer zu stürzen. Doch allein der Gedanke macht mir Mut. Mut, Altvertrautes kritisch zu hinterfragen und loszulassen, wenn das notwendig sein sollte, um konsequent meinen neuen Weg zu gehen.

Ich kann es daher heute kaum erwarten, Feierabend zu machen und weiter in meinem Leben aufzuräumen.

Zu Hause blicke ich auf eine Übersicht meiner abgeschlossenen Versicherungsverträge. Einer, wenn nicht der größte Brocken, der derzeit mein Einkommen verschlingt. Insbesondere die horrenden Beiträge für meine Altersvorsorge sind mir schon lange ein Dorn im Auge. Es ist an der Zeit, das endlich zu ändern!

Auch hier hilft es mir, nicht darüber nachzudenken, was ich gerade tue, sondern den Puppenspieler einfach machen zu lassen.

Am Ende steht meine Entscheidung fest, zwei Versicherungen zu kündigen und bei dreien den Anbieter zu wechseln. Nur kurz denke ich dabei an meinen langjährigen Versicherungsberater, daran, dass es ihm nicht schmecken wird, was ich hier gerade tue. Doch geht es hier um ihn oder um mich?

Ich denke, es bedarf keiner Antwort.

Am frühen Abend fahre ich spontan mit meiner Frau zu ihren Großeltern, die nur ein paar Kilometer entfernt wohnen, um sie nach längerer Zeit mal wieder zu besuchen.

Wir sitzen gerade am Abendbrottisch, als mir aus dem Nichts mein Konfirmationsspruch in den Sinn kommt, den ich mir vor fast zwanzig Jahren ausgesucht und dem ich bis zu diesem Augenblick keinerlei Bedeutung beigemessen habe.

Der Herr ist mein Hirte, mir wird nichts mangeln. Er weidet mich auf grüner Aue und führet mich zum frischen Wasser. Und ob ich auch wanderte im finsteren Tal …

Weiter komme ich nicht, da meine Gedanken durch die Tränen in meinen Augen abgelenkt werden, die ich vor den anderen, so gut es geht, zu verbergen versuche.

Es dauert daher ein paar Minuten, bis der Kloß in meinem Hals etwas geschrumpft ist und mich meine Gedanken wieder einholen.

Das finstere Tal … liegt zum Glück hinter mir. Die grüne Aue und frisches Wasser, mein neuer Weg, vor mir …

Gott. Hat er mich aus meiner Krise geführt? …

Ist er der Puppenspieler, diese neue Energie in mir?

Das alles kann kein Zufall sein.

Ja, ER ist es, der mich führt.

Erstmals seit langer Zeit bete ich an diesem Abend, bevor ich einschlafe.

ERKENNTNIS DES TAGES:

Gott ist bei mir und er hat es gut mit mir gemeint,
hat mich nicht aufgegeben, als er die Chance dazu hatte.
Er wird seine Gründe haben und ich werde seinem Weg folgen.

DONNERSTAG, 7. APRIL 2011

Ein langweiliger Tag auf der Arbeit. Ich nutze daher die Zeit, weiter über Dinge aus meinem alten Leben nachzudenken, die mich derzeit Geld kosten, aber auf die ich nun gut und gerne verzichten kann, wenn es erforderlich sein sollte.

Pay-TV, Lotto, mein Handy …

Zu meiner eigenen Überraschung sind das eine ganze Reihe von Dingen. Dinge, dich mich derzeit gut 1000 Euro im Monat kosten.

Auch hier beginne ich umgehend damit, meinen Gedanken Taten folgen zu lassen und mich sofort von einigen dieser Dinge zu verabschieden.

In der Mittagspause zieht es mich nach einem kurzen Aufenthalt im Ruheraum noch in die Kantine. ER lässt mich zu zwei Kollegen setzen, mit denen ich früher sehr oft meine Mittagspause verbracht, das aber nun schon eine ganze Weile nicht mehr getan habe.

Wir reden unter anderem auch darüber, dass wir Menschen viel zu häufig glauben, Dinge tun zu müssen, und uns daher allzu oft mit unwichtigen Dingen beschäftigen, anstatt das Leben einfach zu genießen. Einer der beiden, er neigt gelegentlich dazu, eine ziemlich extreme Position zu vertreten, sagt: „Man muss gar nichts und darf sich auch nichts vornehmen! Wenn die Sonne scheint, dann lege ich mich in die Sonne, anstatt mit dem Rasenmäher durch den Garten zu laufen, nur weil ich es mir vorgenommen habe. Man muss es immer von der Situation abhängig machen, was man tut. Der Mensch hat immer etwas zu tun, wenn er danach sucht, doch müssen wir immer danach suchen?“

Wie recht er hat …

Es kann kein Zufall sein, dass ich mich heute zu ihm gesetzt und diese Worte von ihm gehört habe. Danke, Herr.

ERKENNTNIS DES TAGES:

Wenn es die Situation zulässt/Zeit für eine Pause ist, nicht nach Dingen suchen, die man tun kann. Nicht denken.

FREITAG, 8. APRIL 2011

Muss kurzfristig in die Firmenzentrale. Sitze wieder mal im Zug nach München, als ich mir die folgenden Gedanken mache:

Noch knapp zwei Monate bis zum Urlaub. Werde ich bis dahin durchhalten? …

ERKENNTNIS DES TAGES:

Meine Kräfte schwinden. Brauche bald eine Auszeit.

SAMSTAG, 9. APRIL 2011

Habe letzte Nacht unruhig geschlafen und komme nur schwer aus dem Bett. Habe heute nichts vor. Suche auch nicht nach etwas, das ich erledigen kann, sondern lege mich in die Sonne.

ERKENNTNIS DES TAGES:

Mein Kollege hatte recht.

SONNTAG, 10. APRIL 2011

Verbringe den größten Teil des Tages auf dem Sofa. Schaue am Vormittag Formel 1 und am Nachmittag Fußball im Fernsehen. Nein, vom Pay-TV habe ich mich noch nicht verabschiedet, auch wenn das auf meiner Liste der überflüssigen Dinge steht.

Am frühen Abend gehe ich mit meiner Frau spazieren. Ich bin überrascht, wie viele Pflanzen bereits jetzt, Anfang April, blühen, was mir bis dato noch nie aufgefallen ist.

Hat sich auch das in mir verändert?

Da ich es in den letzten Wochen gelernt habe, der Zeit keine große Bedeutung mehr beizumessen, lassen wir es sehr gemächlich angehen. Uns treibt ja nichts und auch ich tue dies entgegen alter Gepflogenheiten nicht mehr.

Was ist eigentlich mit ihr? Auch sie ist ein Teil deines früheren Lebens, den du mit auf diesen neuen Weg genommen hast.

Sei still! Ich will diese Gedanken nicht …

Warum?

Weil sie mir im Cuxhaven-Urlaub noch eine Höllenangst eingejagt haben.

Doch ER lässt mir in diesem Moment keine andere Wahl. Ignorieren ist anscheinend auch keine Lösung.

Muss ich mich auch von ihr auf meinem neuen Weg verabschieden? …

Ein heftiges, von IHM ausgelöstes Kopfschütteln überkommt mich, das auch meiner Frau nicht verborgen bleibt. Fragend schaut sie mich an, verlangt nach einer Erklärung.

Ich kann jedoch nicht. Benötige selbst erst einen kleinen Augenblick, um zu verstehen, was gerade in mir vorgeht.

Eine so eindeutige Antwort. … Danke für dein Zeichen, Herr.

Ein kleines Lächeln bildet sich in meinem Gesicht, das immer ausgeprägter wird, je mehr ich mir über meine jetzigen Gefühle klar werde.

Glück …

Zufriedenheit …

Geborgenheit …

Die Sicherheit ihrer Nähe …

Liebe.

„Ich liebe dich", sage ich voller Überzeugung zu ihr. Überzeugter, als ich es jemals war.

… Warum eigentlich ausgerechnet sie und keine andere meiner ehemaligen Freundinnen?

Auch das wird seinen Grund haben. Zufall? Nein.

Danke, Herr!

ERKENNTNIS DES TAGES:

Wir gehören zusammen, bis dass der Tod uns scheidet.

MONTAG, 11. APRIL 2011

Entspannt und ausgeschlafen starte ich in diese neue Woche.

Am Morgen ruft mich mein Vater auf der Arbeit an und fragt, ob er an der Nebeneingangstreppe unseres Hauses weiterarbeiten dürfe. Entgegen aller bisherigen Bedenken und den Anweisungen meines Kopfes, diese Arbeit selbst zu erledigen, stimme ich zu. Ich bin sehr dankbar, dass er uns beim Hausbau geholfen hat und uns auch jetzt noch die eine oder andere Sache abnimmt. Aber mir ist inzwischen auch bewusst geworden, dass ich künftig viele der Arbeiten selbst und möglichst alleine erledigen möchte. Alleine, ohne mich mit irgendjemandem abstimmen zu müssen, sondern dann die Aufgabe anzugehen, wenn ER es möchte, nicht weil eine Absprache es so will.

ERKENNTNIS DES TAGES:

Ich arbeite lieber alleine.

DIENSTAG, 12. APRIL 2011

Beim Frühstück auf der Arbeit sagt ein Kollege: „Ist es nicht schlimm? Wir jammern immer. Selbst wenn es uns gut geht, fragen wir uns, warum es uns nicht schlechter geht." Dieser Satz trifft heute absolut auf mich zu. Zufall?

Eigentlich geht es mir gut, doch ich frage mich ständig, warum es mir gut geht, anstatt mich darüber zu freuen, dass es so ist. Ich werde künftig versuchen, meine Gedanken von negativ auf positiv umzuschalten.

Ob das irgendwann ganz von alleine ablaufen wird?

Was ist eigentlich aus den bevorstehenden Veränderungen meiner Abteilung geworden? Nun, alle scheinen sich inzwischen irgendwie damit abgefunden zu haben. Zumindest ist es kein großes Thema mehr. Auch ich habe mich mit dieser Veränderung arrangiert. Suche auch in dieser Sache das Positive. Sehe daher die Chance, durch diesen bevorstehenden Neuanfang menschlich noch näher an meine Leute heranzurücken, einer von ihnen zu werden und mir nicht mehr wie ein Trommler auf einer Galeere vorzukommen, als einsamer Antreiber. Zwar hat sich das in den letzten Wochen schon ein wenig verändert, aber da geht noch mehr. Deutlich mehr.

Am Abend gehe ich zum Yoga. Es ist nun bereits meine dritte Stunde, doch so etwas wie heute ist bisher nicht passiert:

Ich liege zur abschließenden Entspannungsübung auf dem Rücken. Von Entspannung jedoch ebenso keine Spur wie vom Puppenspieler. Ich finde einfach keinen Zugang zu meinem

Bauchgefühl. Stattdessen tobt in meinem Kopf ein heftiger Kampf. Gut gegen Böse. Das Böse erzeugt negative Gedanken, was alles schlecht war und schlecht bleiben wird, wohingegen das Gute versucht, mit positiven Argumenten das Böse zu übertrumpfen. Doch nicht nur in meinem Kopf scheint dieser Kampf stattzufinden, sondern mein ganzer Körper ist darin eingebunden. Windet sich, als würden ihn starke Schmerzen verkrampfen lassen, doch mir tut nichts weh.

Ich verliere das Zeitgefühl. Der Kampf dauert an. Ich habe irgendwann die Befürchtung, dass ich die anderen durch meine teils heftigen, ruckartigen Bewegungen in ihrer Entspannung störe, als mein Körper abrupt auf den Boden sinkt und erschlafft.

Ist es vorbei? …

Die Schlange um meinen Kopf? Noch da, aber ihr bis eben noch heftiger Druck wird weniger …

Ich zucke zusammen.

Sie bewegt sich … in mir.

Zum ersten Mal spüre ich, dass nicht die gesamte Schlange, sondern lediglich ihr muskulöser hinterer Teil um meinen Kopf herum liegt, sich ihr Kopf in meinem Kopf befindet.

Mein Körper verkrampft sich erneut.

Was ist das für ein Geräusch?

Ich bekomme eine Gänsehaut.

Die schuppige Schlangenhaut schabt an meinem Schädelknochen. Sie zieht ihren Schwanz ebenfalls in den Kopf …

Ich halte das nicht mehr aus. Verdammt, hör auf damit! Was geht hier vor? …

Die gesamte Schlange ist in meinem Kopf. Sie windet sich, so als sei sie schwer, aber nicht tödlich verwundet worden.

Dieses Winden hält ebenfalls einige endlose Augenblicke an, in denen ich glaube, verrückt zu werden.

Das kann doch alles gar nicht sein …

Mein Oberkörper bildet plötzlich ein Hohlkreuz. Ich habe das Gefühl zu schweben. Erneut werde ich zum Beobachter meiner eigenen Hülle. Ich sehe, wie sich mein Mund weit öffnet und mein Hohlkreuz immer ausgeprägter wird. Mein Rücken stößt an seine Dehnungsgrenze.

Der Schlangenkopf ist … in meinem Mund. Ich kann nicht schlucken. Luft! Ich bekomme keine Luft.

Ich sehe die Schlange, wie sie langsam aus meinem Mund kriecht, meinen Körper vollständig verlässt und sich dann auflöst. Einfach weg.

Mein zweites Ich verschwindet gleichzeitig. Ich kehre in meine Hülle zurück. Spüre, wie sich mein Oberkörper ablegt und entspannt.

Ich bin überwältigt. Habe das Gefühl, total leicht und frei zu sein.

Wo bin ich? Wer bin ich? Was war das gerade?

Es dauert weitere Minuten, bis ich mental in den Yoga-Raum zurückkehre, die leisen, entspannenden Klänge von Harfe und Xylofon aus der Musikanlage wahrnehme. Meine Augen bleiben jedoch geschlossen.

Kurz darauf entsteht ein neues Bild vor meinem inneren Auge: Ich sehe Kinder frei und glücklich in einer Blumenwiese spielen, tanzen und springen. Eins von ihnen hat jedoch kein Gesicht. Diese Stelle ist einfach grau, aber es tanzt und spielt mit den anderen. Ich bin verwirrt.

Was hat das jetzt zu bedeuten?

Als ich wenig später im Bett liege, stehe ich immer noch vollkommen neben mir.

Nicht denken.

ERKENNTNIS DES TAGES:

Das Böse in mir ist besiegt.

MITTWOCH, 13. APRIL 2011

Die Nacht hat nicht ausgereicht, das gestern Erlebte auch nur annähernd begreifbar für mich zu machen. Es bleibt eines dieser wundersamen, wenn nicht sogar DAS wundersamste Erlebnis meiner jüngsten Vergangenheit.

Abermals kommen mir die Ereignisse meines Alltags unglaublich bedeutungslos und unwichtig vor. Ich sehe daher auch keinen Grund, irgendetwas von den heutigen Dingen zu Papier zu bringen.

ERKENNTNIS DES TAGES:

Ich bin immer noch tief beeindruckt.

DONNERSTAG, 14. APRIL 2011

Was tue ich hier überhaupt?

Frage ich mich bereits zum zweiten Mal binnen kurzer Zeit auf der Arbeit. Mein Wunsch nach einer Veränderung ist größer geworden.

Vielleicht nervt mich auch gerade deshalb eine E-Mail am Nachmittag, die mich morgen wieder einmal nach München zitiert.

Will ich da morgen hin? Nein.

ERKENNTNIS DES TAGES:

–

FREITAG, 15. APRIL 2011

Ein Tag, weitestgehend ohne Bedeutung.

Am Abend fällt jedoch im Fernsehen erneut ein Satz, der mich zum Nachdenken bringt, weil er so unglaublich gut auf meine derzeitige Situation passt: „Gott hilft jedem, der bereut."

Und ich? Was bereue ich? …

Ich bereue es, irgendwann aufgehört zu haben, auf meine eindeutigen Körpersignale zu hören.

Ich bereue es, mein Leben in solch ein enges Zeitkorsett gepresst zu haben, dass für mich selbst keine Zeit mehr geblieben ist.

Ich bereue es, dass ich anderen etwas darstellen wollte, was ich eigentlich gar nicht war.

Ich bereue es, fast immer mit dem Kopf durch die Wand gegangen zu sein, ohne dabei auf andere Rücksicht genommen oder deren gut gemeinte Ratschläge zumindest überdacht zu haben.

Ich bereue es, dass ich zu keinem Vorhaben „Nein" sagen konnte, auch wenn ich es gedacht habe …

Danke, dass DU mir diese Lektion erteilt hast und mich nun auf einem neuen Weg gehen lässt.

Danke, Gott!

ERKENNTNIS DES TAGES:

Ja, ich, der „Unfehlbare", habe Fehler gemacht.

SAMSTAG, 16. APRIL 2011

Genug der wundersamen Dinge? Nein.

Wir sind auf der Geburtstagsfeier eines Onkels meiner Frau eingeladen, der heute mit 50 Gästen feiert. Die Überraschung des Abends: Ein Mentalist verkürzt uns die Zeit nach dem Abendessen. Frage mich anfangs – wie viele andere Gäste auch –, ob er lediglich mit Tricks arbeiten wird oder tatsächlich etwas Besonderes kann. Halte das inzwischen durchaus für möglich. Dass ich gut anderthalb Stunden später einer der Hauptakteure seiner Darbietung sein werde, ahne ich zu diesem Zeitpunkt noch nicht.

Seine Show beginnt mit einer prägnanten Beschreibung dessen, was sich eigentlich hinter dem Wort Mentalist verbirgt. Er sagt: „Ich besitze die Fähigkeit, die Gedanken anderer Menschen zu lesen und diese mit dem Energiefluss und den Energieströmen, die jede Sache und jedes Lebewesen umgibt, zu beeinflussen."

Ich weiß, wovon du sprichst …

Als erste Demonstration seiner Fähigkeiten lässt er sich von vier unterschiedlichen Personen Gegenstände wie Uhren und Ringe geben, ohne dass er mitbekommt, von wem welcher Gegenstand ist. Nach und nach gibt er den Personen den individuellen Gegenstand zurück, ohne dabei einen Fehler zu machen. Die Verblüffung des Publikums ist perfekt. Die Begeisterung aller geweckt.

Nach einigen anderen Showelementen kommt er plötzlich auf mich zu, fragt mich, ob ich in meinem Leben schon einmal Fehler gemacht hätte. Zufall?

Ich bejahe ihm diese Frage, ohne zu zögern.

Als er mich dann auch noch fragt, ob ich mir wünschen würde, künftig mehr auf mein Bauchgefühl zu hören und ob ich diesem Bauchgefühl vertrauen würde, beantworte ich ihm das erneut mit einem deutlichen „Ja".

Woher weiß er davon? Ich habe vorher kein Wort mit ihm gesprochen. Er kann es also eigentlich gar nicht wissen.

Ich bin fasziniert und verblüfft zugleich. Er hat mich beeindruckt und in seinen Bann gezogen. Ich vertraue ihm. Aber nicht nur ihm, auch mir.

Zunächst verlangt er von mir einen persönlichen Gegenstand, am besten meinen Führerschein oder Personalausweis. Habe beides nicht bei mir. Ein höherer, von mir bestimmter Geldbetrag tut es schließlich auch. Das Geld steckt er in einen weißen Umschlag und verschließt diesen. Den Umschlag lässt er ebenso in einem schwarzen Säckchen verschwinden wie drei weitere gleichfarbige Umschläge, allerdings ohne Inhalt. Werde anschließend aufgefordert, vier Personen meines Vertrauens aus dem Publikum zu benennen, die nach und nach je einen der Umschläge ziehen sollen. Als sie das tun, stehe ich mit dem Rücken zu ihnen, sehe absolut nichts von diesem Vorgang. Auch mir ist meine Aufgabe inzwischen klar: Ich soll den einen Umschlag, meinen Umschlag, mithilfe meines Bauchgefühls wiederfinden.

Wird mir das wirklich gelingen? Wie …?

Nicht denken. Hab Vertrauen.

Ich drehe mich um. Gehe mit meinem Blick die vier, etwa fünf Meter von mir entfernt stehenden Personen von links nach rechts durch. Meine Konzentration gilt dabei nur diesem einen Punkt meiner Bauchregion.

Bei Person eins spüre ich nichts.

Hoffentlich geht es mir mit den drei anderen nicht genauso.

Auch bei Person zwei: nichts.

Ich kann es mir selbst nicht erklären, aber als ich bei Person drei angekommen bin, spüre ich etwas in mir, das vorher nicht da gewesen ist. Eine Art energetische Bindung, die meinen Blick nicht weiterwandern lässt, so sehr ich es auch versuche. Zögere nicht lange. Benenne Person drei.

Der Mentalist nimmt den Umschlag von Person eins und zerschneidet ihn umgehend. Ebenso den von Person zwei und vier.

Person drei und ich schauen uns an. Ich spüre, dass der Mann in diesem Moment deutlich aufgeregter ist als ich. Ich bin mir sicher, dass er den Geldumschlag in den Händen hält. Warum? Ich kann es nicht erklären.

Die Anspannung um mich herum ist groß, als ich den verbliebenen Umschlag von Person drei übergeben bekomme. Ich öffne ihn langsam und siehe da, es ist der Umschlag mit meinem Geld. Die Menge tobt.

Zugegeben: Auch ich bin erleichtert. Nein, nicht weil ich mein Geld zurückbekommen habe, sondern weil mir einmal mehr deutlich geworden ist, dass ich IHM vertrauen kann. Für mich mehr wert als das mit Zahlen bedruckte Papier in meinen Händen.

Ich kann nicht sagen, wie oft ich an diesem Abend gefragt werde, wie ich das gemacht habe. Wieder und wieder antworte ich: „Ich habe nur auf mein Bauchgefühl gehört."

Doch das nimmt mir an diesem Abend niemand ab.

ERKENNTNIS DES TAGES:

Ich vertraue IHM.

SONNTAG, 17. APRIL 2011

Es ist gestern spät geworden.
Heute: Regeneration.

MONTAG, 18. APRIL 2011

Ich freue mich auf diese Woche, denn es stehen mir durch das Osterwochenende und den vorherigen Karfreitag nur vier anstatt fünf Arbeitstage bevor. ☺

Ansonsten gibt es von diesem Tag nichts weiter zu berichten. Ich arbeite im Büro und anschließend ein wenig im Garten.

Kehrt so etwas wie Normalität auf meinem neuen Weg ein?

Ich glaube schon.

DIENSTAG, 19. APRIL 2011

Ich bin müde. Komisch, dass sich bei mir Anstrengungen am Wochenende erst immer am Dienstag bemerkbar machen. Das ist mir jetzt schon ein paarmal aufgefallen.

Ich schleppe mich daher durch den Arbeitstag, der mich jedoch vor keine Herausforderung stellt. Ich erledige das, was ER mich erledigen lässt.

Als ich nach Hause komme, drucke ich erstmals ein paar Seiten meines bisherigen Buchtextes aus, um sie meiner Frau zu geben und ihre Meinung zu Inhalt und Schreibstil zu hören. Hätte es lieber sein lassen sollen.

Mit lediglich drei Seiten Papier sitze ich nervös und ungeduldig auf dem Sofa. Kann es kaum erwarten, dass sie endlich von der Arbeit nach Hause kommt. Als es so weit ist, überfalle ich sie regelrecht mit meinem Anliegen und bin zunächst erleichtert, dass sie überhaupt bereit ist, sich den Auszug meines Werkes anzusehen. Gebe ihr die Ausdrucke. Bleibe aber nicht neben ihr sitzen, sondern mache mich auf den Weg zu meinen Eltern, um meinem Vater zu helfen.

Kehre heim. Werde bereits an der Gartenpforte von meiner Frau empfangen. Spüre, dass etwas im Argen liegt. Sie sagt jedoch nichts.

Setzen uns auf die Bank vor dem Haus.

Tränen laufen ihr über die Wangen, die auch bei mir ein Gefühl des Unbehagens und einen dicken Kloß im Hals auslösen. Erfahre, dass sie von dem, was sie gelesen hat, stark beunruhigt ist.

Hätte mit vielem gerechnet, damit jedoch nicht. Rede mich fortan um Kopf und Kragen, möchte sie und mich beruhigen. Merke aber selbst, dass meine Worte kaum Wirkung zeigen.

Was habe ich getan? Das habe ich nicht gewollt …

Es war mir so wichtig, ihre Meinung zu hören, sie von meinem Buch zu überzeugen und nun das …

Meine Lippen verstummen. Ich atme tief durch. Versuche, sie stattdessen in den Arm zu nehmen. Nur widerwillig lässt sie sich darauf ein und es dauert etliche Minuten, bis sie sich etwas entspannt.

Was mache ich jetzt?

Ich wünsche mir so sehr, dass sie mir weiterhin dabei den Rücken stärkt, am Buch zu arbeiten, und es toleriert, dass ich mein begonnenes Werk zu Ende bringe. Aber wie? …

Nicht denken.

„Es tut mir leid, dass ich dich mit meinem Text verletzt habe. Bitte glaub mir, es war nicht meine Absicht, das zu tun. Entschuldigung“, sage ich zu ihr. „Ich wollte doch nur …“

„Ist schon okay“, unterbricht sie mich.

Mein Kopf fordert mich auf, etwas zu erwidern, doch ER lässt mich nicht. Lediglich mein linker, um ihre Schulter gelegter Arm zieht sie etwas näher an mich heran.

Nehme all meinen Mut zusammen. Stelle ihr die Frage, die für mich so unglaublich bedeutsam ist: „Darf ich das Buch weiterschreiben?“

„Ja, aber ich möchte nichts mehr davon sehen“, lautet ihre Antwort.

Mir fällt ein Stein vom Herzen, trotz ihrer Bedingung. Kann mir erneut ein leichtes Grinsen nicht verkneifen. Glaube auch ihr anzumerken, dass sie spürt, wie wichtig ihre Entscheidung in diesem Moment für mich ist.

Danke, Schatz!
Danke, Gott!

Hätte ich ihr den Ausdruck wirklich lieber nicht zeigen sollen?

ERKENNTNIS DES TAGES:

Gut, dass ich es getan habe. Ich werde weiterschreiben und habe ihren Segen dafür.

MITTWOCH, 20. APRIL 2011

Lasse mir heute Morgen bewusst etwas mehr Zeit, da ich vor der Arbeit unser Auto zur Inspektion in die Werkstatt bringe. Habe dort einen Termin um 7:30 Uhr und tue mir den Stress nicht mehr an, vorher noch kurz ins Büro zu fahren.

Ich habe Zeit.

Zumindest nehme ich sie mir.

Schaue mir in der Werkstatt gemeinsam mit dem Meister das Auto auf der Hebebühne an. Es scheint in einem sehr guten Zustand zu sein. Bin daher ein wenig überrascht, dass sich die provisorisch kalkulierten Kosten doch auf 450 Euro belaufen werden. *Wofür?* Kann mich aber damit arrangieren, obwohl ich mit weniger gerechnet habe.

Verabschiede mich. Vereinbaren, dass ich das Auto heute Nachmittag wieder abholen werde.

Ein Mitarbeiter der Werkstatt fährt mich ins Büro, wo ein eher öder Arbeitstag auf mich wartet. Zähle die Minuten und kann es kaum erwarten, am Nachmittag mein Auto abzuholen.

Rufe nach dem Mittagessen in der Werkstatt an, um mich nach dem Fahrzeug zu erkundigen. Erfahre, dass mein Auto heute nicht fertig werden wird. Bin leicht verärgert. Nein, nicht weil ich das Auto nicht wiederbekomme, sondern weil mich niemand aus der Werkstatt angerufen hat, um mir das mitzuteilen.

Was wäre gewesen, wenn ich einfach dorthin gefahren wäre?

Hätte, wäre, wenn … Du bist nicht einfach so dorthin gefahren, also …

Schon klar: Nicht denken.

Am Abend nutze ich mit meiner Frau das schöne Wetter, um zu grillen. Unser Disput von gestern: vergessen.

ERKENNTNIS DES TAGES:

Es macht keinen Sinn, mich gedanklich mit Hätte-wäre-wenn-Dingen zu beschäftigen. Reine Energieverschwendung, die mich kein bisschen weiterbringt, sondern eher verunsichert.

DONNERSTAG, 21. APRIL 2011

Von der Werkstatt zu erfahren, dass ich mein Auto erst nach Ostern abholen kann, stört mich nicht. Frage mich sogar erstmals, ob ich das Auto überhaupt noch benötige. Vertage die Antwort, da es mir heute sogar entgegenkommt, das Auto nicht wiederzubekommen. Warum? Heute Nachmittag steht eine Feier im Kollegenkreis auf dem Programm.

Es ist eine feucht-fröhliche Angelegenheit.

Um 21 Uhr liege ich angetrunken, müde, aber glücklich im Bett.

Gut, dass morgen ein Feiertag ist (Karfreitag).

FREITAG, 22. APRIL 2011

ER lässt mich heute einen Ruhetag einlegen, was meinem Kopf gar nicht gefällt.

SAMSTAG, 23. APRIL 2011

Liege auch fast diesen gesamten Tag auf der faulen Haut, schreibe ein bisschen am Buch.

Am Abend gehen wir (meine Frau und ich) in die Gastwirtschaft. So wie wir es bisher nahezu jeden Samstag vor Ostern getan haben, um eine der wenigen Gelegenheiten im Jahr zu nutzen, alte Freunde zu treffen, die ihren Weg für das lange Wochenende in die Heimat finden.

Doch dieser Abend ist anders. Zumindest für mich.

In der Gastwirtschaft das erwartete Bild: viele bekannte Gesichter, Fröhlichkeit, hoher Bierkonsum.

Komme mir dennoch verloren vor. Fühle mich regelrecht einsam. Drehe ziellos ein paar Runden durch die überfüllten Räumlichkeiten. Gehe vorbei an den meist stehenden Personen, die mir alle bekannt sind und mit denen ich schon etliche Male hemmungslos gefeiert und ein Teil von ihnen sogar „Freunde" genannt habe. Früher.

Suche in mir nach etwas, das mich mit ihnen verbindet. Etwas, das sie mir näherbringt. Doch da ist nichts, oder zumindest zu wenig. Auch sie bedeuten mir anscheinend nichts mehr. Frage mich daher, was ich hier soll.

Bleibe irgendwann einfach mitten im Raum stehen. Beobachte das Geschehen um mich herum und warte ab, was ER mit mir machen wird.

Sehe meine Frau. Sie scheint ihren Spaß zu haben und das ist auch gut so.

Weiß nicht, wie lange der Puppenspieler mich einfach so dastehen lässt. Lange. So lange, bis Pete auf mich zukommt, wir uns herzlich begrüßen und er mir seinen Freund Maximilian vorstellt.

Habe ich nur auf die beiden gewartet?

Es scheint so, denn komischerweise verfliegt das Gefühl der Einsamkeit und Verlorenheit schlagartig in mir.

Wir reden sehr lange und sehr ungezwungen miteinander. Trinken nebenbei, wie der Rest im Raum, das eine oder andere Bier. Bin überrascht, wie offenherzig Maximilian mir erzählt, dass auch er schon mal so eine depressive Phase durchlebt hat. Auch er ist kaum älter als ich.

Die Tatsache, dass er diese Phase überstanden hat, motiviert mich für die noch vor mir liegende Zeit. Doch seine Worte, dass die Wochen, in denen er die Medikamente nach und nach abgesetzt hat, bei ihm die schlimmste Zeit seiner Depression gewesen sei, beunruhigen mich. Zufall?

Was willst du mir damit sagen, Herr?

Die Zeit vergeht wie im Flug. Es ist spät geworden. Habe länger als meine Frau ausgehalten, die bereits schläft, als ich irgendwann in der Nacht angetrunken nach Hause komme. Stehe vor dem Haus. Mir fällt der überwältigende Sternenhimmel dieser klaren Nacht auf, der jegliche Gedanken in mir zum Schweigen bringt. Stehe da und starre in den Himmel. Spüre, wie ER mich plötzlich an die Hand nimmt und mich zu der Bank vor unserem Haus führt, mich hinsetzen lässt.

Blicke noch einige Zeit in diese schier unendliche Weite mit den unzählig vielen winzigen leuchtenden Punkten. Ich danke Gott. Danke ihm für seinen Beistand in den letzten Wochen und bitte ihn, mir auch bei dem, was noch vor mir liegt, zur Seite zu stehen.

Ich habe kein Zeitgefühl, wie lange ich draußen sitze, bis

mich dann doch die Kälte der Nacht einhüllt, ich ins Haus gehe, die allabendliche Psychotablette einwerfe und mich schlafen lege.

ERKENNTNIS DES TAGES:

Da wird womöglich noch etwas auf mich zukommen.

OSTERSONNTAG, 24. APRIL 2011

Ruhetag.

ERKENNTNIS DES TAGES:

–

OSTERMONTAG, 25. APRIL 2011

Ein Tag im Kreis der Familie. Kein Fußballspiel, kein Musikauftritt, kein anderer Termin. Ich habe nach vielen Jahren endlich an diesem Tag frei und ich genieße es.

ERKENNTNIS DES TAGES:

Ich vermisse mein früheres Leben nicht.

DIENSTAG, 26. APRIL 2011

Die Sache mit dem Auto scheint eine unendliche Geschichte zu werden.

Ich sitze gerade mit einigen Kollegen beim Mittagessen, als mein Handy klingelt.

Die Werkstatt ruft an.

Muss erst den letzten Happen hinunterschlingen und ein ruhiges Plätzchen auf dem Flur suchen. Höre dann die Stimme des Werkstattmeisters. Nach den anfänglichen Begrüßungsfloskeln wird er auf einmal komisch: „Haben Sie etwas, um sich hinzusetzen?“, fragt er mich.

Mir stockt der Atem.

Was will er von mir?

„Nein“, lautet meine knappe, zögerliche Antwort.

„Dann sollten Sie sich lieber etwas zum Hinsetzen suchen.“

„Was ist los?“

„Wir haben einen Defekt an ihrem ABS-Steuergerät gefunden und benötigen etwas mehr Zeit, um das zu reparieren.“

„Kein Problem, ich brauche das Auto nicht zwingend. Deshalb sollte ich mich setzen?“

„Na ja, nicht ganz“, druckst er herum. „Wir müssen das Teil ersetzen und das Ding ist nicht billig.“

„Was wird mich der ganze Spaß kosten?“

„So alles in allem etwa 2500 Euro.“

Jetzt möchte ich mich in der Tat am liebsten hinsetzen. Bin schockiert. Weiß nicht, was ich sagen soll. Schweige.

„Sollen wir das Teil reparieren?“

Sollen wir das Teil reparieren? Sehr witzig! 2500 Euro. Ich fasse es nicht.

„Habe ich eine Wahl?"

„Nicht wirklich, es sei denn, Sie wollen riskieren, dass Ihre Bremsen in einer Gefahrensituation nicht richtig funktionieren."

Erteile zähneknirschend den Auftrag für die Reparatur. Über seine Aussage, das Fahrzeug am Donnerstag abholen zu können, muss ich lachen. Innerlich.

Ermahne mich zur Höflichkeit und beende das Gespräch.

Koche vor Wut. Mache meinem Ärger am Mittagstisch etwas Luft. Was ändert das? An der Sache nichts, aber ich fühle mich besser.

2500 Euro, geht mir auf dem Weg ins Büro wieder und wieder durch den Kopf.

Wie sollen wir das bezahlen?

Sehe nur eine Lösung: keine Urlaubsreise.

Doch allein der Gedanke, im Urlaub nicht wegfahren zu können und all das weiterhin um mich herum zu haben, dessen ich mich wieder einmal entziehen möchte, ruft eine gewisse Übelkeit und Verzweiflung in mir hervor.

Überlege ernsthaft, meinen Reparaturauftrag zu widerrufen, doch ER lässt mich nicht zum Telefonhörer greifen.

Vor lauter Frust kommt mir in den Sinn, das Auto sofort zu verkaufen und künftig auf anderen Wegen zur Arbeit zu fahren. Vielleicht mit dem Fahrrad oder dem Bus.

Kalkuliere das kurz durch: Eine Jahreskarte für den Bus kostet mich ca. 700 Euro, das Auto in etwa 2500 Euro im Jahr. Ein eindeutiges Ergebnis. Ich kann mich jedoch bremsen, eine voreilige Entscheidung zu treffen. Aber eins ist mir deutlich geworden: Auch hier hänge ich schon zu lange an der Leine alter Gewohnheiten.

… Irgendwie komisch, dass ich mir noch kein neues Fahrrad gekauft habe. Habe darüber in den letzten Tagen das ein oder andere Mal ernsthaft nachgedacht. Früher hätte ich es längst getan.

… Auch gut, dass wir noch keine Reise gebucht und nicht all unser Geld ins Haus gesteckt haben, sodass die 2500 Euro für das Auto überhaupt noch da sind …

War es Zufall, dass ER mich bisher von diesen Dingen abgehalten hat?

Rückblickend kommt es mir ebenfalls eigenartig vor, dass es genau in dem Moment draußen angefangen hat zu regnen, als ich den Anruf von der Werkstatt angenommen habe.

Hmm, nicht weiter drüber nachdenken.

Mir geht es nicht so besonders gut, als ich heute mit dem Bus nach Hause fahre. Gedanke um Gedanke geht mir durch den Kopf und es fällt mir schwer, ruhig zu bleiben und nicht wieder in ein Loch zu fallen.

Ich brauche den Urlaub, um neue Kraft zu tanken und um einfach mal wieder rauszukommen. Raus aus der Arbeit. Raus aus dem Haus und weg vom Grundstück. Einfach mal wieder etwas anderes sehen und meinen Kopf von den permanenten Aufgaben ablenken.

Bin froh, als meine Frau am späten Nachmittag von der Arbeit nach Hause kommt. Wir reden lange über den heutigen Tag. Über die Idee, eines unserer derzeit zwei Autos abzugeben, und darüber, dass wir uns wahrscheinlich keine Sommerreise werden leisten können.

So sieht es für den Moment jedenfalls aus.

Am Abend schauen wir uns das Hinspiel der Champions League zwischen Schalke 04 und ManU an. Mein Kopf arbeitet jedoch auch während des Spiels noch auf Hochtouren. Von Abschalten keine Spur.

Kein Urlaub? Wo bekomme ich das Geld her? ... 2500 Euro.

Ich schaffe das alles nicht ...

Bleib ruhig.

...

ERKENNTNIS DES TAGES:

Ich brauche mein Auto nicht.

MITTWOCH, 27. APRIL 2011

Fahre erstmals mit dem Bus zur Arbeit. Da aufgrund der Osterferien kaum Busse fahren, spute ich mich im Bad, um den 6:28-Uhr-Bus nicht zu verpassen.

Verlasse das Haus. Es ist sehr neblig, sodass ich die umliegenden Berge kaum sehen kann. Lediglich die Spitzen ragen heraus. Es sieht einfach toll aus.

Ist mir je zuvor bewusst gewesen, wie schön es hier eigentlich ist? …

Es wäre mir entgangen, wenn ich vom Haus direkt in die Garage gegangen wäre und mich ins Auto gesetzt hätte!

Bin der Erste an der Bushaltestelle. Setze mich auf die verlassene Bank und frage mich, ob überhaupt noch jemand kommen wird. Denke an meine Schulzeit zurück. Daran, wie es damals war, jeden Morgen mit dem Bus zu fahren. Es war, wie so vieles auf meinem alten Weg, selbstverständlich.

Heute ist es alles andere als das. Ich bin leicht verunsichert, denn ich weiß nicht, was auf mich zukommt. Auch mein Kopf hat seine Arbeit in dieser Situation aufgenommen.

Ich bin erleichtert, als sich wenig später eine junge Frau neben mich auf die Bank setzt und dafür sorgt, dass meine Gedanken umschwenken.

Sie dürfte ungefähr mein Alter haben … Vielleicht ist sie aber auch älter, wer weiß …

Sie ist neu hier im Ort … Habe sie morgens schon öfters aus dem Auto heraus zum Bus laufen sehen … Wie sie wohl heißt? …

Claudia? … Sicher? … Nein.

Spüre, wie wir uns gegenseitig aus dem Augenwinkel heraus mustern.

Es ist schon komisch, nichts Näheres über sie zu wissen. Wir wohnen doch im selben kleinen Ort …

Soll ich sie ansprechen? …

Warum eigentlich nicht? …

Was sage ich bloß?

Egal, sag halt irgendetwas, es kann schon nicht verkehrt sein.

„Du bist Claudia, stimmt's?“, kommt es kurze Zeit später über meine Lippen. Bin selbst etwas erschrocken, sie tatsächlich angesprochen und unser Schweigen gebrochen zu haben.

Ja, sie heißt tatsächlich Claudia.

Langsam und vorsichtig tasten wir uns im Gespräch voran. Immer wieder gibt es zwar kurze Gesprächspausen, jedoch nur so lange, bis einer von uns erneut die Initiative ergreift, das Gespräch nicht zum Erliegen kommen zu lassen.

So verbringen wir die wenigen Minuten, bis der Bus kommt. Minuten, in denen ich ruhiger werde.

Die Fahrt selbst geht schneller als vorher gedacht. Auf dem Weg von der Haltestelle in die Firma treffe ich eine Kollegin, die jeden Tag mit dem Zug zur Arbeit pendelt, früher jedoch auch mit dem Auto gefahren ist. Wir haben uns mehr als ein halbes Jahr nicht mehr gesehen.

Auch wir kommen ins Gespräch:

Ich erkläre ihr meine aktuelle Situation, um mich fürs Busfahren zu rechtfertigen. Wundere mich dann aber, dass ich ihr sage, künftig vielleicht öfter mit dem Bus zur Arbeit fahren zu wollen.

Wie kommst du auf diese Idee?

Doch anstatt es dabei zu belassen, redet mein Mund einfach

weiter. „Ich werde im Mai testen, ob ich nicht ganz aufs Auto verzichten kann."

Was sagst du da? Du Idiot, jetzt wird es dir bestimmt wieder schlechter gehen, weil du dich damit unter Druck gesetzt hast.

Doch nichts dergleichen passiert.

Sie sagt, dass sie in den ersten Monaten total genervt davon gewesen sei, täglich mit dem Zug zu fahren. Sich das jedoch nach einiger Zeit gelegt habe. Bekomme den Rat von ihr, nicht nur den Mai als Testphase zu nutzen, sondern das über einen längeren Zeitraum zu erproben, bevor ich mein Auto verkaufe.

Da hat sie recht.

So schnell unser Gespräch zustande kam, so schnell ist es auch schon wieder zu Ende. Ich bin wieder einmal fasziniert davon, die Kollegin gerade heute zu treffen.

Zufall?

Gegen Mittag fühle ich mich müde und ausgelaugt. Gehe in den Ruheraum, um fehlenden Schlaf der vergangenen Nacht nachzuholen. Lege mich hin. Versuche, keinen Gedanken in meinem Kopf zuzulassen, mich nur auf meinen Bauch zu konzentrieren, um dadurch besser einschlafen zu können. Doch das führt heute nicht zum erhofften Erfolg. Im Gegenteil. Komme zu der Überzeugung, dass es sogar notwendig ist, meinen Gedanken freien Lauf zu lassen, um entspannt einschlafen zu können und um meinem Kopf die Möglichkeit zu geben, die erlebten Dinge zu verarbeiten. Stelle mir dabei vor, meine Gedanken wie einen wilden Mustang an der Longe zu haben. Ihn sich austoben zu lassen, aber dennoch stets bereit zu sein einzugreifen, die Longe zu verkürzen, wenn er außer Kontrolle zu geraten droht. Tut er aber nicht.

Nach Feierabend fahre ich mit dem Bus zurück. Steige aus. Gehe zu Fuß durch den Ort nach Hause. Sehe meinen kleinen Neffen mit einem Freund vor dem Haus meiner Eltern spielen. Freue mich sehr, als er mir etwas zuruft und mir damit signalisiert, mich erkannt zu haben. Auch meine Mutter ist draußen und fragt mich, wie es denn mit meinem Auto aussehe.

„Wird eine teure Angelegenheit", antworte ich im Vorrübergehen.

ERKENNTNIS DES TAGES:

Mit dem Bus zu fahren ist eine Alternative.

DONNERSTAG, 28. APRIL 2011

Werde ich mein Auto heute wiederbekommen?, frage ich mich, als ich auch an diesem Morgen an der Bushaltestelle sitze und auf den Bus warte.

Sitze am Schreibtisch. Habe jedoch wenig zu tun. Zu wenig, um meinem nach Arbeit lechzenden Kopf gerecht zu werden.

Langweilig! … Warum bin ich überhaupt hier? … Werde ich noch gebraucht?

Alles ist okay. Sei doch froh, dass du weniger zu tun hast und nicht ständig mit der Angst leben musst, überfordert zu werden. Es ist gut so, wie es ist. Sei dankbar dafür, dich momentan auch auf der Arbeit regenerieren zu können. Halte durch, alles wird gut!

Ja, Herr. Ich bin offen für das, was die Zukunft für mich bereithält, und mache mir keine Gedanken und auch keinen Plan. Mein Weg ist mein Ziel.

…

Es ist echt schon komisch, welche Gedanken ich mir so mache, wenn mein Kopf nicht anderweitig abgelenkt wird …

Rufe am frühen Nachmittag mal wieder bei der Werkstatt an. Erhalte die Antwort, dass ich das Auto gegen 19 Uhr abholen kann. Bin sprachlos.

19 Uhr? Das kann jetzt nicht wahr sein. Geht es nicht noch später? Ich brauche es eigentlich spätestens um 16 Uhr, um zur Therapie fahren zu können.

Okay. Problem erkannt. Lösungen?

Lösungen ... Von der Arbeit nach Hause? Mit dem Bus.
Zu Dr. Ferró? Mit dem Fahrrad.
Morgen früh zur Arbeit? Mit meiner Mutter.

Früher hätte ich mich verbogen, um der Werkstatt entgegenzukommen. Heute tue ich das nicht mehr.

„19 Uhr, das passt mir gar nicht. Geht es nicht früher?"

„Also ... vor 17 Uhr schaffen wir das nicht."

„Gut, dann hole ich es morgen Mittag ab."

Als ich den Hörer aus der Hand lege, merke ich, dass ich doch sehr enttäuscht bin. Hinzukommt die Ungewissheit, was am Ende kostenmäßig auf mich zukommen wird. Bleibt es bei den 2500 Euro?

Bin erneut auf den Bus angewiesen und erstmals genervt, nicht dann nach Hause fahren zu können, wann es mir gefällt.

Auch die Therapiestunde langweilt mich heute zum ersten Mal. Es kommt mir vor, als hätten wir nicht wirklich etwas zu besprechen. Immer wieder schaue ich zwischendurch auf Dr. Ferrós Armbanduhr. Die Zeit will einfach nicht rumgehen. Versuche mich zu gedulden, doch die eine Frage geht mir die ganze Zeit nicht aus dem Kopf.

Was ist mit der Tablettendosis?

Da er es nicht von sich aus anspricht, frage ich Dr. Ferró, kurz bevor wir uns verabschieden.

Nehme an diesem Abend die Tablette in der bisherigen Dosis.

ERKENNTNIS DES TAGES:

Es gibt für alles eine Lösung. Viel zu lange habe ich in Problemen gedacht, anstatt nach Lösungen zu suchen.

FREITAG, 29. APRIL 2011

Fahre meiner gestrigen Überlegung entsprechend mit meiner Mutter zur Arbeit. Ich erzähle ihr im Auto die ganze Geschichte rund um unser Fahrzeug. Auch dass wir wegen der Reparaturkosten unsere Urlaubsplanung auf Eis gelegt haben. Ich traue kaum meinen Ohren, als sie sagt, uns finanziell unterstützen zu wollen. Mit unglaublichen 500 Euro. Bin gerührt. Weiß nicht, was ich sagen soll.

Soll ich ihr Angebot annehmen? Sie musste auch hart für ihr Geld arbeiten und jetzt gibt sie es mir. Das kann ich nicht annehmen, oder? …

Gebrauchen können wir es jedoch sehr …

ER nimmt mir einmal mehr die Entscheidung ab. Ich schäme mich jedoch gehörig dafür, nicht mehr Widerstand zu leisten und das Angebot meiner Mutter einfach anzunehmen. Weiß in diesem Moment nicht, wie ich das jemals wiedergutmachen kann.

Gegen Mittag greife ich erneut zum Telefonhörer. Es ist endlich so weit. Das Auto ist tatsächlich fertig.

Zufall? Wäre ich heute Morgen nicht mit meiner Mutter mitgefahren, dann …

Es ist unglaublich.

Gleich nach der Arbeit zieht es mich in die Werkstatt. Wieder wartet eine Überraschung auf mich. Dieses Mal jedoch eine positive: Die Werkstatt gewährt mir eine Kulanz von 1000 Euro, da die defekte Steuereinheit eigentlich nicht hätte kaputtgehen dürfen. Meine Laune verbessert sich schlagartig. Unsere Urlaubsreise ist gerettet.

Danke, Herr. Danke, dass du es erneut gut mit mir meinst.

Um 14.30 Uhr habe ich schließlich mein Auto zurück und bin um 1000 Euro ärmer.

Lege mich zu Hause schlafen. Bin müde, aber eine innere Unruhe lässt mich erst deutlich zeitverzögert einschlafen. Träume irgendeinen wirren Mist.

Als mich meine Frau gegen halb fünf weckt, fühle ich mich wie gerädert. Komme überhaupt nicht in die Hufe und meine Augenlider sind schwer wie Blei. Immer noch müde und total matschig im Kopf schleppe ich mich aufs Sofa, wo wir uns länger unterhalten. Worüber? Na klar, über die wundersame Rettung unseres Urlaubs.

Wie war das? Wenn es noch nicht gut ist, dann ist es auch nicht das Ende? Diese Sache ist zu Ende. ☺

Gehe vor dem Abendessen noch eine Runde laufen. Unterwegs wird mir abermals etwas klar, das alte Prinzipien in mir über Bord wirft:

Das Leben besteht nicht nur aus arbeiten. Freie Zeit ist so wichtig für mich. Wir (meine Frau und ich) dürfen uns nicht von den Aufgaben auffressen lassen und UNS dabei vergessen. Gemeinsame Aktivitäten sind so wichtig. Dass wir uns Zeit für UNS nehmen, ist wichtig, auch wenn mein Kopf mir teilweise etwas anderes einreden will.

Entspannt und innerlich leicht wie eine Feder gehe ich an diesem Abend ins Bett.

ERKENNTNIS DES TAGES:

Ich bin mir wichtig. Meine Familie ist mir wichtig. Wichtiger als alle anderen Dinge.

SAMSTAG, 30. APRIL 2011

Verkaufe an diesem Tag einen Teil meiner vormals ach so geliebten Münzsammlung. Weg damit. Auch sie brauche ich auf meinem neuen Weg nicht mehr.

Den Großteil des Tages verbringen wir auf einer Hochzeitsfeier. Davon ausführlicher zu berichten, halte ich jedoch für überflüssig, auch wenn die Feier bis tief in die Nacht geht.

ERKENNTNIS DES TAGES:

–

SONNTAG, 1. MAI 2011

Stehe erst am Mittag auf. Esse eine Kleinigkeit und lege mich dann im Garten in die Sonne. Mein Körper? Noch müde von gestern. Mein Kopf? Hellwach.

Was habe ich bisher aus meiner Krise gelernt? …

Es kann jeden treffen …

Nichts im Leben ist selbstverständlich, schon gar nicht die eigene Gesundheit …

Ich habe gelernt, es künftig ruhiger angehen zu lassen …

Auf IHN zu hören …

Mehr auf mich zu achten. Das zu tun, was mir guttut …

Zu glauben …

Gedanken fallen zu lassen (Nicht denken.) und mich zu entspannen …

Mich nur mit wirklich wichtigen Dingen zu beschäftigen, keine Energie mit Nebensächlichkeiten zu verschwenden.

Fange ich gerade an, mir wieder Regeln aufzustellen, an denen ich eines Tages zerbrechen werde?

Ich hoffe nicht!

ERKENNTNIS DES TAGES:

Ich werde gestärkt aus dieser Krise hervorgehen.
Stärker, als ich vorher war.

MONTAG, 2. MAI 2011

Heute ist der erste Tag, an dem ich Bus fahren möchte, obwohl mein Auto einsatzbereit in der Garage steht. *Werde ich wirklich gleich zum Bus laufen?*, frage ich mich, als ich vom Bad in die Küche gehe.

Je näher der Moment kommt, das Haus zu verlassen, desto mehr versucht mein Kopf nach Gründen zu suchen, nicht mit dem Bus zu fahren.

Nimm doch das Auto, schließlich steht es in der Garage!

Mit dem Bus bist du doch total unflexibel, warum tust du dir das an?

Ist das Auto nicht doch günstiger?

Der Fußweg und die Wartezeit an der Haltestelle …

Doch alle Gedanken führen mich immer zum selben Ergebnis:

Es gibt keinen triftigen Grund, nicht mit dem Bus zu fahren.

Lasse das Auto erstmals in der Garage stehen und kaufe mir eine Monatskarte für den Bus. Die erste seit über fünfzehn Jahren.

Meine Testphase hat begonnen.

DIENSTAG, 3. MAI, UND MITTWOCH, 4. MAI 2011

Ohne Bedeutung.

DONNERSTAG, 5. MAI 2011

Sitze im Zug. Lese mein Buch. Zumindest das, was ich bis dato geschrieben habe.

Der Mustang in meinem Kopf beginnt seine Runden zu drehen:

Das alles liest sich wie ein Spaziergang. War es das wirklich?

Nein, mitnichten.

Da war diese ständige Unsicherheit, weil ich mich selbst nicht mehr gekannt habe, mich erst entdecken musste. Immer wieder nach altvertrauten Dingen in mir gesucht, doch sie nicht mehr gefunden habe. Meine neuen Grenzen noch nicht kannte und daher immer mal wieder zu viel gewollt habe. Immer wieder Angst davor hatte, dass alles zerplatzen würde wie eine Seifenblase und ich erneut in dieses psychische Loch fallen würde, obwohl ich von Beginn an wusste, dass ich IHM vertrauen kann …

Es war, wie nach einem Beinbruch. Auch hier fängt man zunächst langsam und unter Schmerzen an zu laufen, um mit der Zeit immer mehr, immer weiter und vor allem schmerzfrei gehen zu können. Mit dem Unterschied, dass andere sehen, dass mein Bein kaputt ist, und verstehen, warum ich gerade humpelnd unterwegs bin.

Auch bei mir ging es nur langsam bergauf. Immer wieder gab es Rückschritte, die es durchzustehen galt, und ich bin noch nicht am Ende, denn noch immer ist es nicht gut.

Aber es wird immer besser.

Danke, Gott!

…

SAMSTAG, 14. MAI 2011

Ich wache spät auf. Fast zu spät für das, was Nicklas, ein guter Freund, und ich heute vorhaben: den 1. FC Nürnberg zum letzten Spiel der diesjährigen Bundesligasaison nach Hannover zu begleiten. Mein x-tes Live-Spiel im Stadion, aber mein erstes auf meinem neuen Weg. Bin folglich ungewohnt aufgeregt. Warum? Schwanke gedanklich zwischen den Optionen Vorfreude und Unsicherheit. Früher hätte ich mich gefreut, doch heute? Ja, heute ist es eher Unsicherheit. Nicht zu wissen, wie ich die bevorstehende lange und somit anstrengende Zugfahrt, den Lärmpegel im Stadion, eigentlich den gesamten Tag überstehen werde. Ich frage mich außerdem, inwieweit ich Nicklas' Erwartungen an mich gerecht werden kann. Er kennt schließlich lediglich mein altes Ich, das Party-Ich.

Steige daher auf mental wackeligen Beinen in den Bus und fahre zum Bahnhof, wo ich bereits erwartet werde.

Wir begrüßen uns und gehen in Richtung der Gleise, kehren vorher jedoch in einem kleinen Bahnhofsgeschäft ein, um Bier zu kaufen, wie immer.

Will ich das wirklich? … Nein.

Sein Blick spricht Bände, als ich ihm sage, heute auf Alkohol verzichten zu wollen. Komme mir in diesem Moment vor, als hätte ich eine Meuterei begonnen.

Mehrfach versucht er, mich umzustimmen. Ohne Erfolg.

Die dreistündige Zugfahrt zieht sich wie Kaugummi. Ich bin froh, im ICE und nicht in einem der Regionalzüge zu sitzen, die mehr als das Doppelte an Zeit benötigen. Alles richtig gemacht.

In Hannover angekommen, verstauen wir den Großteil unseres Gepäcks im Schließfach und machen uns dann zu Fuß auf den Weg zum Stadion.

Die Stadt ist mit Fans übersät. Allerdings sind die wenigsten davon „Klubberer". Es ist immer wieder ein mulmiges Gefühl, als Gästefan durch die fremde Stadt zu gehen. Man weiß nie, was passiert. Auch nicht, wenn man zum absolut gemäßigten Fanflügel zählt, so wie wir.

Ich bin daher froh, dass wir unbeschadet das Stadion erreichen.

Als wir auf unseren Plätzen sitzen, muss ich plötzlich an das Hinspiel in Nürnberg denken. Es war das letzte Spiel auf meinem alten Weg, das ich im Stadion gesehen habe. Es war im vergangenen Dezember. Das Spiel damals Nebensache, denn ich war ausschließlich mit mir selbst beschäftigt. Saß verstört und total verängstigt auf der Tribüne, gefangen im finsteren Tunnel meiner trüben, lebensbedrohlichen Gedanken. Habe lediglich gebangt und gehofft, am Abend wieder auf dem „sicheren" Sofa zu sitzen. An den Spielverlauf und das Ergebnis kann ich mich nicht erinnern.

Nun sitze ich hier und schaue denselben Mannschaften beim Aufwärmen zu. In mir: Alles anders.

Komisch, dass es heute ausgerechnet wieder die Hannoveraner sind. Zufall? …

Wieder eines dieser wundersamen Ereignisse? …

Auf jeden Fall. Ich kann zu keinem anderen Schluss kommen. Woher sollte sonst dieses Gefühl in mir kommen, als schließe sich heute ein Kreis, als sei irgendetwas wieder rund?

Was? Mein Leben.

Auch beim Abpfiff lässt ER mich spüren, dass nicht nur die Bundesligasaison vorüber ist, sondern auch ich das

Schlimmste überstanden habe. Wieder positiv nach vorne schauen kann. Mir stehen Tränen der Erleichterung in den Augen, als das ganze Stadion den 3:1-Sieg und den erstmaligen Europapokaleinzug von 96 feiert. Früher wäre ich aufgestanden und gegangen. Heute kann ich das nicht. Nicht, dass ich es nicht versuchen würde, doch ER scheint in den 90 Minuten meine Füße einbetoniert zu haben. Will ganz offensichtlich, dass ich bleibe und mitbekomme, wie in Windeseile eine kleine Bühne vor dem 96-Fanblock aufgebaut wird und kurz darauf die sich eigentlich im Ruhestand befindende Band „Fury in the Slaughterhouse" auf die Bühne tritt. (Zugegeben, ich habe die Band nicht erkannt, musste einen Hannoveraner Nebenmann fragen, der mir außerdem sagte, dass sie aus Hannover stammen. Aber egal!)

Schaue mich um. Niemand scheint gegangen zu sein. Nur der Nürnberg-Fanblock ist leer. Als die ersten Töne aus den Lautsprechern erklingen, beginnt das Stadion förmlich auszurasten. Ich werde jedoch merklich ruhiger. Ein dicker Kloß bildet sich in meinem Hals und mein Herz beginnt schwerer, fast stechend in meiner Brust zu pulsieren. Es dauert nicht lange, bis mir die erste Träne über die Wange läuft. Viele andere folgen ihr.

Nicklas ist verwirrt. Mit dem Daumen gebe ich ihm jedoch das Zeichen: Alles okay.

Die Band spielt nur ein einziges Lied: „Won't forget these days".

Zufall?

Ich werde diese letzten Tage, Wochen und Monate nicht vergessen. Ganz sicher nicht.

Als ich an diesem Abend zu Hause im Bad stehe, blickt mich ein neues Gesicht aus dem Spiegel heraus an.

Es lächelt mich an, als ich die erste Psychotablette mit halbierter Dosis nehme.

ENDE

DANK

Ich danke meiner Frau, die mir die Kraft gab durchzuhalten und mich im richtigen Moment auf meinen neuen Weg geführt hat.

Ebenso danke ich meiner gesamten Familie für die Unterstützung in dieser schweren Zeit.

Und ich danke Gott, dass er mich begleitet und es gut mit mir gemeint hat.

Danke.

John Eldredge

Der ungezähmte Mann

Auf dem Weg zu einer neuen Männlichkeit

288 Seiten, gebunden
ISBN 978-3-7655-1840-9 (Buch)
ISBN 978-3-7655-7032-2 (E-Book)

Jeder Mann war einmal ein kleiner Junge. Und jeder kleine Junge hat Träume: Träume davon, ein Held zu sein oder ein Entdecker. Träume von kühnen, verwegenen Taten, die vor ihm noch niemand gewagt hat. Träume vom Kampf mit dem Drachen, um die schöne Prinzessin zu befreien.

Aber was wird aus diesen Träumen, wenn wir erwachsen werden?

Der Mann ist für ein abenteuerliches Leben geschaffen. Ein Mann wird erst dann wirklich glücklich sein können, wenn in seiner Arbeit, in seiner Liebe und in seinem spirituellen Leben das Abenteuer Einzug hält.

BRUNNEN VERLAG GIESSEN
www.brunnen-verlag.de

John & Samuel Eldredge

Kämpferherz

Das wilde Abenteuer,
ein echter Mann zu werden

208 Seiten, gebunden
ISBN 978-3-7655-0922-3 (Buch)
ISBN 978-3-7655-7298-2 (E-Book)

Wenn ein junger Massai einen Löwen besiegt, wird er zum Held seines Stammes und gilt dann als echter Mann. Aber was braucht es für unsere jungen Männer, um erwachsen zu werden? Wie ist das mit der Liebe, Geld, der eigenen Identität – und Gott? Und können die eigenen Träume überhaupt wahr werden?

„Es gibt ein Leben, das du lieben kannst", verspricht Bestsellerautor John Eldredge in seinem Buch. „Aber es erfordert Mut, Ausdauer und ein wenig Klugheit, um dahin zu kommen. Es erfordert ein echtes Kämpferherz."

Der Outdoor-Fan weiß: Auf dem Weg ins Erwachsenenleben müssen junge Männer vielleicht keine Löwen besiegen, aber Stürme voller Fragen und Zweifel durchsegeln. In einem ehrlichen Vater-Sohn-Gespräch zeigen John und Sam Eldredge, dass in jedem Mann ein echtes Kämpferherz steckt – stark und verletzlich zugleich.

BRUNNEN VERLAG GIESSEN
www.brunnen-verlag.de